"十四五"职业教育国家规划教材

职业教育城市轨道交通专业"互联网+"创新教材

城市轨道交通概论
（配实训工单）

主　编　刘亚苹　梁立肖
副主编　安　飞　李一松　王记平
　　　　贾春旭　张静静
参　编　高晓成　常秀娟　李　欣
　　　　张　辉　王　岩　张　健
　　　　亓　辉　金宗辉
主　审　李战彬

机械工业出版社

本书是"十四五"职业教育国家规划教材。

本书是职业教育城市轨道交通专业"互联网+"创新教材，紧密结合当前城市轨道交通行业的发展现状及趋势，对城市轨道交通系统进行了全面的介绍，内容简单实用。本书主要包括绪论、城市轨道交通的认知、城市轨道交通规划设计与工程施工的认知、城市轨道交通线路与车站的认知、城市轨道交通车辆的认知、城市轨道交通供电系统的认知、城市轨道交通通信与信号系统的认知、城市轨道交通运营管理的认知、城市轨道交通机电设备的认知，共九部分内容。

本书每个项目配有实训工单，每个实训工单都是以接受工作任务、信息收集、制订计划、计划实施、质量检查、评价反馈六个环节为主线，结合理论知识进行实践操作训练，对应企业岗位能力需求，形成理实一体化的学习模式。

本书内容新颖、知识面广、重点难点突出，彩色印刷、图片清晰美观，可以作为职业院校轨道交通专业教学用书，也可作为城市轨道交通相关企业培训资料。

为方便教学，本书配有电子课件、实训工单答案等资源，同时还配有"示范教学包"，可在超星学习通上实现"一键建课"，方便混合式教学。凡选用本书作为授课教材的教师均可登录www.cmpedu.com，以教师身份注册后下载，或来电咨询：010-88379201。

图书在版编目（CIP）数据

城市轨道交通概论：配实训工单/刘亚苹，梁立肖主编. —北京：机械工业出版社，2020.8（2025.6重印）

职业教育城市轨道交通专业"互联网+"创新教材

ISBN 978-7-111-65954-9

Ⅰ.①城… Ⅱ.①刘…②梁… Ⅲ.①城市铁路—轨道交通—概论—职业教育—教材 Ⅳ.①U239.5

中国版本图书馆CIP数据核字（2020）第108647号

机械工业出版社（北京市百万庄大街22号 邮政编码100037）
策划编辑：师 哲 责任编辑：师 哲
责任校对：王明欣 封面设计：张 静
责任印制：任维东
河北鹏盛贤印刷有限公司印刷
2025年6月第1版第12次印刷
184mm×260mm·12.5印张·297千字
标准书号：ISBN 978-7-111-65954-9
定价：50.00元

电话服务 网络服务
客服电话：010-88361066 机 工 官 网：www.cmpbook.com
　　　　　010-88379833 机 工 官 博：weibo.com/cmp1952
　　　　　010-68326294 金 书 网：www.golden-book.com
封底无防伪标均为盗版 机工教育服务网：www.cmpedu.com

关于"十四五"职业教育
国家规划教材的出版说明

为贯彻落实《中共中央关于认真学习宣传贯彻党的二十大精神的决定》《习近平新时代中国特色社会主义思想进课程教材指南》《职业院校教材管理办法》等文件精神，机械工业出版社与教材编写团队一道，认真执行思政内容进教材、进课堂、进头脑要求，尊重教育规律，遵循学科特点，对教材内容进行了更新，着力落实以下要求：

1. 提升教材铸魂育人功能，培育、践行社会主义核心价值观，教育引导学生树立共产主义远大理想和中国特色社会主义共同理想，坚定"四个自信"，厚植爱国主义情怀，把爱国情、强国志、报国行自觉融入建设社会主义现代化强国、实现中华民族伟大复兴的奋斗之中。同时，弘扬中华优秀传统文化，深入开展宪法法治教育。

2. 注重科学思维方法训练和科学伦理教育，培养学生探索未知、追求真理、勇攀科学高峰的责任感和使命感；强化学生工程伦理教育，培养学生精益求精的大国工匠精神，激发学生科技报国的家国情怀和使命担当。加快构建中国特色哲学社会科学学科体系、学术体系、话语体系。帮助学生了解相关专业和行业领域的国家战略、法律法规和相关政策，引导学生深入社会实践、关注现实问题，培育学生经世济民、诚信服务、德法兼修的职业素养。

3. 教育引导学生深刻理解并自觉实践各行业的职业精神、职业规范，增强职业责任感，培养遵纪守法、爱岗敬业、无私奉献、诚实守信、公道办事、开拓创新的职业品格和行为习惯。

在此基础上，及时更新教材知识内容，体现产业发展的新技术、新工艺、新规范、新标准。加强教材数字化建设，丰富配套资源，形成可听、可视、可练、可互动的融媒体教材。

教材建设需要各方的共同努力，也欢迎相关教材使用院校的师生及时反馈意见和建议，我们将认真组织力量进行研究，在后续重印及再版时吸纳改进，不断推动高质量教材出版。

机械工业出版社

前 言

PREFACE

随着我国的城市规模和经济建设的快速发展，城市化进程在逐步加快，道路拥堵现象日益严重，城市轨道交通具有载客量大、运送效率高、能源消耗低、相对污染小和运输成本低、人均占用道路面积小等优点，是解决城市交通拥堵问题的最佳方式。近年来，很多三、四线城市政府也纷纷开始筹建轨道交通，我国已成为世界上城市轨道交通发展最快的国家。随着各大城市的轨道交通线路陆续开通运营，产生了大量用工需求，城市轨道交通类专门人才出现了巨大缺口。

为满足城市轨道交通行业对轨道交通类人才的需求以及职业院校城市轨道交通专业的教学要求，突出职业教育的特点，开发了本书。本书的出版将有助于推动我国轨道交通行业人才培养，弥补目前轨道交通教学资源的不足，对职业院校城市轨道交通专业的教学开展与专业建设提供有力的支持。

本书是职业教育城市轨道交通专业"互联网+"创新教材，是城市轨道交通运营管理专业"校企双元合作"精品教材。本书是理实一体化新形态教材，包括**理论知识**和**实训工单**两部分，紧密结合当前轨道交通产业的发展及需求，重点对城市轨道交通各系统如城市轨道交通规划设计与工程施工、线路与车站、车辆、供电系统、通信与信号系统、运营管理系统和机电设备等进行了介绍。

党的二十大报告指出，培养什么人、怎样培养人、为谁培养人是教育的根本问题。本书在编写过程中注意融入育人元素，如在介绍城市轨道交通一线员工工作内容时，通过典型案例及示范作业，渗透不怕吃苦、甘于奉献、乐观坚持、一丝不苟、服务人民等职业精神和职业素养，也通过对我国交通强国、绿色中国战略以及城市轨道交通产业发展现状与规划等的介绍，增强学生的职业自信，激发学生为祖国建设、行业发展而勤奋学习的热情。

本书采用"校企双元合作"模式编写，由职业院校教师和相关地铁公司工程师共同打造。

本书内容新颖、知识面广、重点难点突出、彩色印刷、图片清晰美观，借助"互联网+"及信息技术，内容呈现立体化、可视化、数字化，能够满足"人人皆学、处处能学、时时可学"的学习创新空间，为学习者提供"能学、助教、助训"的课程资源。

本书由河北交通职业技术学院刘亚苹、石家庄市轨道交通有限责任公司梁立肖担任主编，安飞、李一松（石家庄市轨道交通有限责任公司）、王记平、贾春旭、张静静担任副主编，参与编写的还有河北交通职业技术学院高晓成、李欣、张辉、金宗辉、王岩、张健、亓辉以及河北轨道运输职业学院常秀娟。其中，安飞负责全书的统稿，刘亚苹负责内容的安排。全书由李战彬主审。

本书在编写过程中得到了石家庄市轨道交通有限责任公司等单位的大力支持，在此表示衷心的感谢。

本书由**北京恒诺尚辰科技有限公司**制作了相关二维码视频，在此一并表示感谢。

由于编者水平有限，书中难免有疏漏之处，敬请广大读者批评指正。

编　者

中英文对照表

序 号	简 称	英文全称	中 文
1	ACS	Access Control System	门禁系统
2	AFC	Automatic Fare Collection System	自动售检票系统
3	AGM	Automatic Gate Machine	闸机（自动检票机）
4	AGT	Automated Guideway Transit	自动导向交通系统
5	ATC	Automatic Train Control	列车自动控制
6	ATO	Automatic Train Operation	列车自动驾驶
7	ATP	Automatic Train Protection	列车自动防护
8	ATS	Automatic Train Supervision	列车自动监控
9	BAS	Building Automatic System	环境与设备监控系统
10	BOM	Booking Office Machine	半自动售票机
11	CLK	Clock	时钟系统
12	CBTC	Communication Based Train Control	基于通信的列车控制系统
13	CCTV	Closed Circuit Television	闭路电视监视系统
14	CISCS	Center Intergrated Supervision and Control System	中央综合监控系统
15	CNIS	Computer Network Information System	计算机网络管理信息系统
16	DCU	Door Control Unit	门控单元
17	DTS	Distributed Temperature Sensing	感温光纤探测系统
18	ECS	Environment Control System	环控系统
19	EDS	Electrodynamic Suspension	超导电动磁浮
20	EMS	Electromagnetic Suspension	常导电式磁浮
21	FAS	Fire Alarm System	火灾自动报警系统
22	FG	Flood Gate	防淹门
23	GoA	Grades of Automation	列车自动运行等级

(续)

序号	简称	英文全称	中文
24	IBP	Integrated Backup Panel	综合后备盘
25	ISCS	Integrated Supervision Control System	综合监控系统
26	LCB	Local Control Box	就地控制盒
27	LED	Light Emitting Diode	显示屏
28	OCC	Operation Control Center	控制中心
29	OD	Origin Destination	交通起止点
30	PA	Public Address	广播系统
31	PCA	Portable Card Analyzer	便携式验票机
32	PIS	Passenger Information System	乘客信息显示系统
33	PSCADA	Power Supervision Control and Data Acquisition	变电所自动化系统
34	PSD	Platform Screen Doors	轨道交通站台门系统
35	PSL	Platform Screen Local control panel	站台门就地控制盘
36	RCS	Radio Communication System	无线通信系统
37	SC	Station Computer	车站计算机
38	SCADA	Supervisor Control and Data Acquisition	电力监控系统
39	SISCS	Station Integrated Supervision Control System	车站综合监控系统
40	TEL/ALM	Telecommunication Alarm system	集中告警系统
41	TVM	Ticket Vending Machine	自动售票机
42	VAL	Vehicle Automatique Leger	轻型自动化车辆

二维码索引

名　称	二维码	页　码	名　称	二维码	页　码
正线		41	空调		65
站前折返		42	信号系统概述		98
站后折返		42	信号机		100
环形折返		42	接车		113
道床		46	发车		113
道岔		47	突发事件客流组织		122
车站的分类		49	自动售票机的结构		128
车辆的特点		57	自动检票机的结构		128
转向架的组成		62	站台门（安全门）控制系统概述		132

目 录
CONTENTS

前　言

中英文对照表

二维码索引

绪论 ·· 1

项目一　城市轨道交通的认知 ·· 5
　　任务一　城市轨道交通定义和分类的认知 ·· 5
　　任务二　国外城市轨道交通的发展 ·· 15
　　任务三　我国城市轨道交通的发展 ·· 22

项目二　城市轨道交通规划设计与工程施工的认知 ·· 30
　　任务一　城市轨道交通规划与设计的认知 ·· 30
　　任务二　城市轨道交通工程施工的认知 ·· 37

项目三　城市轨道交通线路与车站的认知 ·· 41
　　任务一　城市轨道交通线路的认知 ·· 41
　　任务二　城市轨道交通车站的认知 ·· 49

项目四　城市轨道交通车辆的认知 ·· 57
　　任务一　城市轨道交通车辆类型和编组的认知 ·· 57
　　任务二　城市轨道交通车辆机械组成部分的认知 ·· 60
　　任务三　城市轨道交通车辆电气组成部分的认知 ·· 66
　　任务四　城市轨道交通车辆基地的认知 ·· 70

项目五　城市轨道交通供电系统的认知 ……………………………………… 74

　　任务一　城市轨道交通供电系统概述 ………………………………………… 74
　　任务二　变电所的认知 ………………………………………………………… 77
　　任务三　接触网的认知 ………………………………………………………… 79
　　任务四　电力监控系统的认知 ………………………………………………… 84

项目六　城市轨道交通通信与信号系统的认知 ………………………………… 87

　　任务一　城市轨道交通通信系统的认知 ……………………………………… 87
　　任务二　城市轨道交通通信系统的组成 ……………………………………… 89
　　任务三　城市轨道交通信号系统的认知 ……………………………………… 96
　　任务四　城市轨道交通信号系统基础设备的认知 …………………………… 100

项目七　城市轨道交通运营管理的认知 ………………………………………… 109

　　任务一　城市轨道交通行车组织的认知 ……………………………………… 109
　　任务二　城市轨道交通行车调度指挥系统的认知 …………………………… 115
　　任务三　城市轨道交通客运组织的认知 ……………………………………… 117
　　任务四　城市轨道交通票务管理的认知 ……………………………………… 122

项目八　城市轨道交通机电设备的认知 ………………………………………… 126

　　任务一　自动售检票系统的认知 ……………………………………………… 126
　　任务二　站台门系统的认知 …………………………………………………… 129
　　任务三　环控系统的认知 ……………………………………………………… 133
　　任务四　给排水系统的认知 …………………………………………………… 134
　　任务五　消防系统的认知 ……………………………………………………… 137
　　任务六　车站低压配电与照明系统的认知 …………………………………… 139
　　任务七　环境与设备监控系统的认知 ………………………………………… 142
　　任务八　综合监控系统的认知 ………………………………………………… 145

参考文献 ……………………………………………………………………………… 151

绪　　论

学习导入

为什么要建设城市轨道交通？我国的城市轨道交通建设发展如何？城市轨道交通都涉及哪些专业门类？城市轨道交通建设运营都涉及哪些工种？

任务目标

知识目标
1. 了解城市轨道交通的必要性。
2. 了解我国城市轨道交通的发展建设情况。
3. 了解城市轨道交通涉及的专业门类。
4. 了解城市轨道交通的运营人才构成。

技能目标
具有指出城市轨道交通系统所需的专业人才和不同专业功能作用的能力。

素养目标
通过学习了解城市轨道交通系统，增强学生专业自信，培养服务意识。

知识课堂

一、发展轨道交通的必要性

自改革开放以来，我国经济飞速发展，环境日新月异，城市化进程不断加快，城市基础设施落后，特别是城市交通设施落后与城市化发展的矛盾逐渐显现。截至 2019 年末，我国常住人口城镇化率达 60.60%，预计到 2030 年，我国常住人口城镇化率将达 75%，接近发达国家水平。

随着城市人口的不断增加，城市机动车保有量的迅猛增加，交通拥堵已成为各大城市的难题，如图 0-1 所示。城市轨道交通是城市公共交通的骨干，具有节能、省地、运量大、全天候、无污染（或少污染）又安全等特点，属绿色环保交通体系，符合可持续发展的原则，特别适于大中城市居民出行。从各国城市化发展的实践来看，由于人们的生活工作节奏越来越快，时间观念越来越强，需要这样准时、安全、快捷的交通工具与之配套来满足人们的出行需求，因此城市轨道交通受到人们的广泛青睐，

图 0-1　拥挤的城市道路交通

已经在日、美、欧等国家和地区成为主要的城市交通工具，在我国的主要大中城市也已大规模投入使用，人们对轨道交通的需求也越来越多。同时，城市轨道交通以其强大的运载能力形成规模效应，加速着一个个城市的发展。城市轨道交通的建设拉开了城市的骨架，也提升了沿线土地的价值和城市的竞争力，相应的商业和服务一体化设施也将陆续出现，对城市经济发展、增加就业岗位、优化城市布局等有积极的推动作用。因此，发展城市轨道交通是城市化进程的必然趋势。

二、我国城市轨道交通的建设情况

城市轨道交通系统包括地铁系统、轻轨系统、有轨电车、单轨系统、磁浮系统、自动导向轨道系统、市域快速轨道系统等七种制式。其中，使用较为普遍的是地铁和轻轨系统。

当前我国城市轨道交通发展十分迅速，在2017年的城市轨道交通行业统计报告中提到，我国内地城市轨道交通已经进入快速发展时期，运营规模、客运量、在建线路长度、规划线路长度均创历史新高，当年的可研批复投资额、投资完成额均为历年之最。城市轨道交通发展日渐网络化、差异化，制式结构多元化，网络化运营逐步实现。

据初步统计，截至2019年12月31日，我国内地已有40个城市开通城市轨道交通运营线路，运营里程达6733.27km。同时，当前我国城市轨道交通还有在建里程超过6000km，预计到2025年，开通运营城市轨道交通的城市将超过50个，运营里程将超过12000km。届时，我国的北京、上海两座城市将分别形成1000km以上的庞大线网，继续领跑世界超大城市。

虽然从总体看，我国城市轨道交通发展健康有序，但同时也要看到我国部分城市也存在规划过度超前、建设规模过于集中、资金落实不到位等问题。随着越来越多的三四线城市开始规划或申报城市轨道交通项目，为防止各个城市盲目上马城市轨道交通项目，2018年6月国务院办公厅正式公布《关于进一步加强城市轨道交通规划建设管理的意见》，相比之前的文件中提高了建设地铁的要求。要求除建设规划明确采用特许经营模式外，城市轨道交通项目总投资中，财政资金投入不得低于40%，并指出地铁主要服务于城市中心城区和城市总体规划确定的重点地区，申报建设地铁的城市一般公共财政预算收入应在300亿元以上，地区生产总值在3000亿元以上，市区常住人口在300万人以上。引导轻轨有序发展，申报建设轻轨的城市一般公共财政预算收入应在150亿元以上，地区生产总值在1500亿元以上，市区常住人口在150万人以上。拟建地铁、轻轨线路初期客运强度分别不低于每日每千米0.7万人次、0.4万人次，远期客流规模分别达到单向高峰小时3万人次以上、1万人次以上。

值得注意的是，也有不少三四线城市选择非地铁的模式开展城市轨道交通建设，如温州选择建设市域快速轨道，芜湖、渭南、安顺选择建设单轨，而珠海、三亚、南平、泉州等城市规划建设有轨电车。这些项目单位造价仅为地铁的几分之一甚至十几分之一，可以看出这些城市规划投资额占财政收入支出的比重不大，不会给地方财政造成过大的压力。

城市轨道交通的建设也符合我国"公交优先"的政策。"公交优先"是指凡是有利于公共发展的一切政策和措施。早在2004年3月，原建设部就颁发了《关于优先发展城市公共交通的意见》，要求在5年左右的时间里，基本确定公共交通在城市交通中的主体地位，特大城市基本形成以大运量快速轨道交通为骨干，常规公交为主体，出租车为补充的城市公共交通体系。再者，根据国外大城市交通发展的成功经验，现代化大城市必须建立高效、快捷、安全、舒适的公共交通系统，实行"公交优先"政策，促进社会效益、经济效益和环境效益的有机统一，而城市轨道交通具有这一系列的优点，对缓解城市交通压力、引导城市发展、促进城市化进程、改善城市环境、保证城市经济的持续发展等方面将起到巨大的推动作用，是"公交优先"的真正体现。

三、城市轨道交通涉及的专业门类

城市轨道交通是一个多专业多工种配合工作、围绕安全行车这一中心而组成的有序联动、时效性极强的系统。它有一套极为严格的操作流程。在运输组织上要实行集中调度，统一指挥、按列车运行图组织列车运行；在功能实现方面，各有关专业如隧道、线路、供电、车辆、通信、信号、车站机电设备及消防系统均应保证状态良好，运行正常；在安全保障方面，主要依靠行车组织和设备正常运行来保证必要的行车间隔和正确的行车路径。

城市轨道交通系统是一个庞杂的系统工程，一般而言（以地铁为例），它主要包括地铁线路、地铁车辆、地铁信号、地铁通信、地铁供电、地铁环境控制与车站机电设备等几大部分。

（1）**地铁线路** 地铁线路由不同的材料部件组成，具有规定的强度和稳定性，是能保证地铁以规定速度平稳、安全、正点、不间断运行的整体结构工程。地铁的轨道结构和我国的铁路轨道结构本质上没有区别。

（2）**地铁车辆** 地铁车辆是地下线路交通系统的重要组成部分，也是技术含量较高的机电设备。地铁车辆有动车和拖车、带驾驶室车和不带驾驶室车等多种形式。地铁车辆在运营时一般采用动拖结合、固定编组，形成电动列车组。由于它本身带有动力牵引装置，兼有牵引和载客两大功能，因此和普速铁路列车不同，不需要再连挂单独的机车。

（3）**地铁信号** 地铁的信号设备是保证行车的安全和提高线路的通过能力，包括信号装置联锁装置、闭塞装置等。信号装置是指示列车运行条件的信号及附属设备；联锁装置是保证在车站范围内，行车和调车安全及提高通过能力的设备；闭塞装置是保证在区间内行车安全及提高通过能力的设备。

（4）**地铁通信** 地铁的通信系统是地铁正常运转的神经系统，是地铁运营调度、企业管理、服务乘客、治安反恐、应急指挥的网络平台，它能够为地铁工作人员提供内部、外部联络用通信手段，为地铁运营调度指挥列车运行、下达调度命令、列车运营电力供应、日常维修、防灾救护、票务管理等提供指挥专用通信工具，为旅客及工作人员及运营所需各系统提供通信网络。

（5）**地铁供电** 地铁的供电系统是为地铁正常运营的基础保障。地铁列车是依靠电力牵引运行的，其内部的辅助供电设施如通风、空调、照明等也都需要电能。此外，地铁车站或区间中的辅助设施包括照明通风、空调、排水、通信、信号、防灾报警、电梯等，也都依赖电能。地铁供电电源一般取自城市电网，通过城市电网一次电力系统和地铁供电系统实现输送或变换，然后以适当的电压等级供给地铁各类设备。

（6）**地铁环境控制与车站机电设备** 为了保证地铁安全正常运行，地铁内设置环境控制设备和各类必需的车站辅助设备和系统，包括通风、空调、给排水、消防、自动扶梯、直升电梯、动力、照明、自动售票机、自动检票机、站台门系统、自动报警消防系统、机电设备监控系统、防淹门系统和乘客引导等设备。

四、城市轨道交通发展对人才的需要

城市轨道交通是个复杂的系统工程，设备先进、技术含量高、技术发展快，对从业人员技术水平要求也较高。根据测算，每公里城市轨道交通线路要投入运营需要50～55人。目

前城市轨道交通急需的人才有下列几种：

1. 城市轨道交通运营管理人才

城市轨道交通需要大量能从事城市轨道交通运营管理、调度、行车值班等工作的高等应用型专门人才。然而目前城市轨道交通运营管理人才较为紧缺，与产业发展不相吻合。该类人才主要从事城市轨道交通站厅站台管理、客流组织、设备管理、行车组织和票务管理等方面工作，应掌握客运、行车、设备、票务、会计和计算机应用等专业知识，具备现代城市轨道交通车站运作管理、设备操作与管理和行车指挥等工作经验。

2. 城市轨道交通工程技术人才

城市轨道交通工程涉及线路规划、设计、工务管理、线路日常维护等环节，直接影响城市轨道交通的顺畅与安全，相关人才的重要性不言而喻。该类人才主要从事轨道线路检修、轨道线路施工、工务管理等方面工作，应掌握土木工程、力学、测量学、金属工艺学、计算机应用等专业知识，具备城市轨道交通线路检测、故障分析与维修等能力，有从事城市轨道交通工务管理和线路维护等工作经验。

3. 城市轨道交通通信信号技术人才

城市轨道交通通信信号技术人才是具有地铁信号自动控制设备，列车运行控制系统设备的操作、维护、检修、管理及工程施工能力和智能化电子仪表维护能力的高端技能型人才。

此类人才需要具有研发能力，集控制科学与工程、信息与通信工程、计算机科学与技术三类专业知识于一身，还需要掌握数据的采集、传输与处理，电子设备与信息系统等方面的基本理论和技术，接受过电子与信息工程分析、设计与实践等方面的基本训练，掌握现代城市轨道交通列车运行自动控制系统、现代通信系统的分析和应用技术。

4. 城市轨道交通机电设备技术人才

城市轨道交通中的机电设备包含自动售检票系统、电梯和自动扶梯、暖通和环控、给排水、消防安全、站台门等设施。城市轨道交通机电设备技术人才正是为轨道交通运营环节保驾护航的应用型工程技术人才。该类人才需掌握工程制图、工程力学、电工技术、电子技术、微机原理及应用、机械设计基础、电力拖动原理、电梯与自动扶梯、变配电技术、机电设备、空气调节、供热工程、通风工程和给排水工程等专业知识。

5. 城市轨道交通车辆技术人才

城市轨道交通车辆技术人才是负责城市轨道交通车辆驾驶、运用与管理、车辆故障诊断处理、车辆保养与维护方面的一线工程技术人才。该类人才需掌握机械设计、机械制图、电工电子技术、电力电子、车辆构造、车辆电力牵引与控制、车辆电气控制、车辆故障诊断与检修、城市轨道交通列车驾驶与应急处理等专业知识。

6. 城市轨道交通供配电技术人才

城市轨道交通供配电技术人才掌握城市轨道交通供电系统和设备的基础知识，能从事城市轨道交通供配电系统的变电站运行、变电站设备检修、接触网施工和检修等工作，具备变配电所运行、检修、故障处理能力的城市轨道交通供电技术应用型高级工程技术人才。该类人才需掌握电工电子技术、电力电子、高低压电气设备、计算机网络与故障处理、变压器与牵引整流机组、继电保护与二次回路、城市轨道交通供电系统运行、城市轨道交通供电综合自动化系统、城市轨道交通变电站安全运行规程等专业知识。

项目一

城市轨道交通的认知

学习导入

随着我国城镇化的快速发展和中心城市、大城市的扩张,城市轨道交通飞速发展,行业从业人员也在高速增长。那么,到底什么是城市轨道交通,城市轨道交通都有哪些类型,国内外的城市轨道交通发展如何呢?本项目将详细讲述。

任务一　城市轨道交通定义和分类的认知

任务目标

知识目标	技能目标	素养目标
1. 掌握城市轨道交通的定义和作用。 2. 掌握城市轨道交通系统种类及特点。	1. 具有辨别各种形式的城市轨道交通工具的能力。 2. 具有指出城市轨道交通与其他交通方式差别的能力。	1. 通过学习城市轨道交通的优点,增强学生节能环保意识。 2. 通过比较不同交通方式间的差别,锻炼学生的思辨能力。

知识课堂

一、城市轨道交通概述

1. 城市轨道交通的定义

国际上对城市轨道交通没有统一的定义。我国现行行业标准《城市公共交通分类标准》(CJJ/T 114—2007)中定义,城市轨道交通为采用轨道结构进行承重和导向的车辆运输系统,依据城市交通总体规划的要求,设置全封闭或部分封闭的专用轨道线路,以列车或单车形式,运送相当规模客流量的公共交通方式。

2. 城市轨道交通在城市公共交通的地位与作用

1)城市轨道交通是城市公共交通的主干线、客流运送的大动脉,是城市的生命线工程。

建成运营后将直接影响城市居民的出行、工作、购物和生活。

2）城市轨道交通是世界公认的低能耗、少污染的"绿色交通"，是解决"城市病"的一把金钥匙，对于实现城市的可持续发展具有非常重要的意义。

3）城市轨道交通是城市建设史上最大的公益性基础设施，对城市的全局和发展模式将产生深远的影响。城市轨道交通的建设可以带动城市沿轨道交通廊道的发展，促进城市繁荣，形成郊区卫星城和多个副部中心，从而缓解城市中心人口密集、住房紧张、绿化面积小等矛盾。

4）城市轨道交通的建设与发展有利于提高市民出行的效率，节省时间，改善生活质量。

3. 城市轨道交通的主要技术特征

（1）运量大　城市轨道交通由于高密度运转、列车行车时间间隔短、行车速度高、列车编组辆数多而具有较大的运输能力。市郊铁道单向高峰小时的运输能力最大可达到6万~8万人次；地铁达到3万~7万人次，甚至达到8万人次；轻轨1万~3万人次，有轨电车能达到1万人次，城市轨道交通的运输能力远远超过公共汽车。

（2）速度快　城市轨道交通车辆有较高的运行速度，有较高的起、制动加速度，多数采用高站台，列车停站时间短，上下车迅速方便，而且换乘方便，从而可以使乘客较快地到达目的地，缩短了出行时间。

（3）准时性　城市轨道交通由于在专用行车道上运行，不受其他交通工具干扰，不产生线路堵塞现象并且不受气候影响，是全天候的交通工具，列车能按运行图运行，具有可信赖的准时性。

（4）安全性好　大部分城市轨道交通（除有轨电车外）由于运行在专用轨道上，没有平交道口，不受其他交通工具干扰，并且有先进的通信信号设备，极少发生交通事故。

（5）舒适性高　与常规公共交通相比，城市轨道交通由于运行在不受其他交通工具干扰的线路上，城市轨道车辆具有较好的运行特性，车辆、车站等装有空调、引导装置、自动售票等直接为乘客服务的设备，城市轨道交通具有较好的乘车条件，其舒适性优于公共电车、公共汽车。

（6）能耗低　城市轨道交通由于主要采用电气牵引，而且轮轨摩擦阻力较小，与公共电车、公共汽车相比节省能源。地铁的人千米能耗大约是公共汽车的1/2。

（7）占地少　大城市地面拥挤、土地费用昂贵。城市轨道交通由于充分利用了地下和地上空间的开发，不占用地面街道，能有效地缓解由于汽车大量发展而造成的道路拥挤、堵塞，有利于城市空间合理利用，特别有利于缓解大城市中心区过于拥挤的状态，提高了土地利用价值，并能改善城市景观。

（8）污染小　城市轨道交通由于采用电气牵引，与公共汽车相比不产生废气污染。由于城市轨道交通的发展，还能减少公共汽车的数量，进一步减少了汽车的废气污染。由于在线路和车辆上采用了各种降噪措施，一般不会对城市环境产生严重的噪声污染。

但是，城市轨道交通也存在一定的局限性，如建设费用高、建设难度大、建设周期长、技术含量高、运营成本高、经济效益有限等。城市轨道交通是一个庞大的系统工程，它涉及土建（装修）、机械、电子、供电、通信、信号等多种技术，具有设备多、点多面广、技术要求、技术含量高、系统性、严密性、联动性要求高等特点。城市轨道交通土建工程大而多，建设的周期长，建设成本一般是每公里7亿~8亿元。且土建工程一般是永久性结构（地下隧道、高架桥等），建成后线路走向及路网结构不宜调整，因此对城市轨道交通线路的选择及路网规划要求较高，难度较大。

4. 城市轨道交通的分类

（1）**按轨道空间位置划分** 可分为地下线路（简称地铁）、高架线路和地面线路，如图1-1所示。地铁大多在地下或高架，轻轨大多在地面或高架，单轨大多在高架。

（2）**按导向方式划分** 可分为钢轮双轨导向系统、胶轮单轨导向系统和胶轮导轨导向系统，如图1-2所示；传统的地铁一般用钢轮双轨导向系统，但是为了减声降噪，胶轮系统逐渐发展起来。

（3）**按线路隔离程度划分** 可分为全隔离线路、半隔离线路和不隔离线路，如图1-3所示。地铁一般是全隔离；半隔离线路一般设置在轻轨线路上；老式的有轨电车线路一般是不隔离线路。

（4）**按轨道形式划分** 分为重轨铁路和轻轨铁路，如图1-4所示。重轨铁路一般是大重量车辆运行的轨道，例如地铁、城市（市郊、城际）铁路系统等；轻轨铁路是较轻的车辆运行的轨道，与重轨相对应，通常称为轻轨。

（5）**按服务区域划分** 分为市区轨道交通和市域轨道交通。市区轨道交通服务范围是以城区为主的城市轨道交通，如图1-5a所示。市域轨道交通是服务范围覆盖城市市域的轨道交通，如图1-5b所示。图1-5b为北京市郊铁路S2线，是在京包铁路和康延支线上开行的通勤列车，属于市域轨道交通。

a) 地下线路

b) 高架线路

c) 地面线路

图1-1 按轨道空间位置划分类型

a) 钢轮双轨导向系统

图1-2 按导向方式划分类型

b) 胶轮单轨导向系统

c) 胶轮导轨导向系统

a) 全隔离线路

b) 半隔离线路

c) 不隔离线路

图 1-3　按线路隔离程度划分类型

a) 重轨铁路

b) 轻轨铁路

图 1-4　按轨道形式划分类型

a) 市区轨道交通

b) 市域轨道交通

图 1-5　按服务区域划分类型

（6）按高峰小时单向运能划分　可分为大运量系统（高峰时单向运输能力达到每小时3万人次以上）、中运量系统（高峰时单向运输能力达到每小时1.5万~3万人次）和小运量系统（高峰时单向运输能力达到每小时0.5万~1.5万人次）。地铁属于大运量系统，轻轨、单轨属于中运量系统，有轨电车或自动导向系统属于小运量系统。

> **小提示**
>
> 当然，以上分类并不是绝对的。事实上，在一些不同类型城市轨道交通系统之间并没有明确的、清晰的界限。专业文献资料表明，国外对同一种轨道交通系统有轻型地铁和轻轨等不同称呼的情况。

（7）根据城市轨道交通系统基本技术特征不同　分为地铁系统、有轨电车、轻轨系统、单轨（独轨）系统、磁浮系统、自动导向轨道系统和市域快速轨道交通系统等。

二、城市轨道交通系统种类

依据《城市公共交通分类标准》（CJJ/T 114—2007），城市轨道交通主要有地铁系统、有轨电车、轻轨系统、单轨系统、磁浮系统、自动导向轨道系统、市域快速轨道交通系统七种制式，城市轨道交通的不同制式具有各自特点和适用性，制式的选择应与功能定位和环境相适应。

1. 地铁系统

（1）定义　如图1-6所示，地铁是指轴重相对较重，高峰时单向客运量在每小时3万~7万人次的大运量轨道交通系统。

（2）主要技术参数　地铁线路在市中心通常铺设在地下隧道内，也有的在城市中心以外的地区铺设在地面或高架上。地铁的最高速度可达120km/h，旅行速度可达40km/h以上，可4~10节编组，列车运行最小间隔可低于1.5min。地铁车站站间距较紧密（1~2km），列车由电力牵引，一般线路全封闭，实现信号自动化控制，地铁的主要技术参数见表1-1。

图1-6　石家庄地铁

表1-1　地铁的主要技术参数

序号	项目	技术参数	序号	项目	技术参数
1	高峰小时单向运送能力	30000~70000人	9	安全性和可靠性	较好
2	列车编组	4~8节，最多11节	10	最小曲线半径	300m
3	列车容量	3000人	11	最小竖曲线半径	3000m
4	车辆构造速度	80~100km/h	12	舒适性	较好
5	平均运行速度	30~40km/h	13	城市景观	无大影响
6	车站平均间距	600~2000m	14	空气污染、噪声污染	小
7	最大通过能力	40对/h	15	站台高度	一般为高站台
8	与地面交通隔离率	100%			

（3）发展概况　1863年1月10日，世界上第一条地铁在英国伦敦建成通车，使用蒸汽机车牵引。1879年电力机车研制成功，使地铁的客运环境和服务条件都得到了改善。目前世界上一些著名的城市，如纽约、伦敦、巴黎、莫斯科、东京等，均已形成了一定的城市轨道交通规模和网络。我国地铁建设起步比较晚，首条地铁系统是北京地铁，建于1965年，竣工于1969年，试运营于1971年1月。

> **小知识　　　　　地铁的优点**
>
> 　　地铁之所以在世界范围内得到广泛的发展，一个很重要的原因就在于它具备其他道路交通不可比拟的优势。首先，地铁是一种大容量的城市轨道交通系统，因而在客流密集的城市中心地带建设地铁可以明显疏散公交客流，分担绝大部分城市公共交通流量；其次，地铁具有可信赖的准时性和速达性，地铁线路与道路交通隔绝，有自己的专用线路，不受气候、时间和其他交通工具的干扰，不会出现交通阻塞而延误时间，因而在保证准时到达目的地方面得到乘客的信赖，对居民出行具有很大的吸引力；第三，由于地铁大多在地下或高架，因而与其他交通方式无相互干扰，安全性高；第四，地铁噪声小，污染少，对城市环境不会造成破坏。
>
> 　　另一方面，在城市发展空间日益狭小的今天，地铁充分利用了地下空间，节约出地面宝贵的土地资源为人类所用，这在一定程度上也刺激了地铁的发展。

2. 有轨电车

（1）**定义**　有轨电车是使用电力牵引、轮轨导向、1~3辆编组运行在城市路面线路上的低运量轨道交通系统，如图1-7所示。

（2）**优点**　有轨电车是最早发展的城市轨道交通之一，一般设在城市中心穿街走巷运行，具有上下车方便、造价低、建设容易的优点。

（3）**发展概况**　有轨电车于1881年诞生在德国，1888年首次在美国弗吉尼亚州的里茨门德市投入商业运营。由于其他城市轨道交通形式的发展，有轨电车的缺点日益显现，目前有轨电车已经比较少见，多数被改良为轻轨系统。大连还对有轨电车进行了改造，使其成为城市的一张名片。现代有轨电车与性能较差的轻轨交通已经很接近，有胶轮混凝土轨和钢轮钢轨等形式，只是车辆尺寸稍小一些，运营速度接近20km/h，单向运能可达2万人次/h。

a) 大连老式有轨电车　　　　　　　　b) 新型现代有轨电车

图1-7　有轨电车

3. 轻轨系统

（1）定义　轻轨是在有轨电车的基础上发展起来的，轻轨泛指单向高峰小时客运量在 1 万~3 万人次之间的中等运量轨道交通系统，如图 1-8 所示。轻轨是由电气牵引、轮轨导向，列车或车辆编组运行在专用行车道上的中运量城市轨道交通系统，输送客流能力介于地铁与有轨电车之间，是地铁的 1/3~1/2，其运量在轨道上的负荷及车辆轴重相对地铁较轻，因而称为轻轨。

（2）特点　轻轨一般采用高架和地面相结合的方式建设，路线通常从市区通往郊区。列车采用 3~6 节，最高速度可达 60km/h，站间距比较小，为 1~1.5km。

图 1-8　轻轨

由于轻轨具有投资少（每公里 0.6 亿~1.8 亿元），不到地铁的 1/3，施工方便，建设工期短，单向运能每小时在 1 万~3 万人次，足以缓解城市交通拥挤的状况，轻轨的建设标准低于地铁，因此轻轨发展很快。

（3）发展概况　越来越多的国家和地区认识到轻轨交通的作用，非洲第一届城市公交会议明确指出，在非洲城市中要用轻轨交通来取代拥挤不堪的公共汽车。刚果、突尼斯、泰国、菲律宾、新加坡等国家的城市都已建成或在建轻轨交通系统。

在我国的许多大中城市，经济基础薄弱是制约交通建设的主要因素，选择经济合理而且符合我国人口众多这一国情的交通模式是当务之急。轻轨交通，既免除了地铁昂贵投资，又具有中运量的特点，特别是其建设标准低于地铁，因而其国产化进程容易推进。因此，选择轻轨交通作为城市公共交通的主要发展目标是极为适当和势在必行的。轻轨交通是适合我国大中城市，特别是中等城市的轨道交通运输方式。我国的轻轨交通建设，必须从国情出发，既要采用先进技术，向国际先进水平靠近，也要考虑实际，充分利用我国现有的技术条件和科技能力，走自力更生发展轻轨交通的道路。

4. 单轨系统

（1）定义　单轨交通也称为独轨交通，指列车在一根轨道上运行的一种城市轨道交通系统。特点是使用的轨道只有一条，而非传统铁路的两条平行路轨，车体比承载轨道要宽。

（2）分类　单轨从构造形式上分为跨座式单轨和悬挂式单轨，如图 1-9 所示。跨坐式单轨是列车跨坐在轨道梁上运行的形式，图 1-9a 为重庆跨坐式单轨，而悬挂式单轨则是列车悬挂在轨道梁下运行的形式，如图 1-9b 所示。

（3）优点

① 占用土地少。高架单轨不需要很大空间，每根支柱直径仅为 1~1.5m，双线轨道梁的线路断面总宽度为 5~7m，与其他高架轻轨系统相比是最窄的。

② 运量较大。国外单轨列车一般有 4~6 辆组成，列车运输能力每小时为 5000~20000 人次。

③ 能适应复杂的地形要求。由于使用胶轮，可以适应复杂地形的要求，适宜在狭窄街道的上空穿行，可减少拆迁量，降低造价。

④ 建设工期短，造价低。高架单轨结构简单，易于建造，因此工期较短，造价较低，一般为地铁的 1/3。

a) 跨座式单轨　　　　　　　　　　　b) 悬挂式单轨

图1-9　单轨

⑤ 运输能确保安全。由于车辆与轨道的特殊结构，在轨道梁两侧均有起稳定作用的导向轮，能确保运行安全。

⑥ 噪声与振动均低，且无排气污染等公害。由于采用胶轮，所以振动和噪声大大降低，此外，电力驱动也不存在污染环境的问题。

⑦ 对日照和城市景观影响小。由于高架单轨占用空间少，沿线不会投下很大的遮光阴影，并且对城市景观还能起到一定的点缀作用。

（4）缺点

① 事故救援较困难。列车在空中行驶，在区间万一发生故障，虽然可将事故列车采用其他动力牵引至邻近车站，或采用本线或相邻线路列车将乘客接走等方式解救乘客，但救援工作毕竟复杂，而且乘客只能被动等待救援。不过由于当代技术可靠性高，安全保障系统一般都很可靠，正常状态下事故发生的概率是极小的。

② 道岔构造比较复杂。跨座式单轨道岔形体比较笨重，转换一次道岔的时间一般都需要10s以上，而且列车还须减速通过道岔，降低了列车平均运速和延长了折返时间，使行车密度的增加受到了制约。单轨系统的行车间隔时间难以低于2.5min，因此，增加运量只能靠加大列车编组。比较而言，悬挂式单轨的道岔转换要比跨座式单轨简单。

③ 能耗大，胶轮寿命短且承载受限。单轨交通由于采用胶轮在混凝土梁上行驶，其滚动摩擦阻力为钢轮钢轨的5~8倍，故能耗相对较高。同时，胶轮耐磨性差，使用寿命比钢轮短。另外，单轨系统受胶轮承载力的限制，每一胶轮的承载力不超过5.5t，其载客量和车辆长度均受到一定的限制。

④ 有粉尘污染。胶轮行驶磨耗下的橡胶粉尘及集电器与导电轨滑行摩擦产生的金属粉尘，对大气也会产生微量的污染。

我国首条跨座式单轨交通线路是在有"山城"之称的重庆建成的。重庆轨道交通2号线一期工程于2004年建成，全线于2006年开通，单轨客车技术是从日本引进的。跨座式单轨交通十分适合重庆市道路坡陡、弯急、路窄的地形特点，同时由于结构轻巧、简洁、易融于山城景色取得较好的景观效果。

5. 磁浮系统

（1）定义　磁浮交通是一种非轮轨黏着传动，悬浮于地面的交通运输系统。其原理是利用常导磁铁或超导磁铁产生的吸力或斥力使列车车辆浮起，用以上的复合技术产生导向力，用直线电机产生牵引动力，使其成为高速、安全、舒适、节能、环保、维护简单、占地少的新一代交通运输工具。由于列车在牵引运行时与轨道之间无机械接触，因此从根本上克服了传统列车轮轨黏着限制、机械噪声和磨损等问题。

（2）分类　磁浮列车设计原理是利用磁体间或与感应磁场之间产生相互吸引力或排斥力，能产生磁场的磁体分为永久磁体、常规磁体、超导磁体三种。利用这些磁体可以设计出多种不同的磁浮列车，但目前世界上的磁浮列车主要有三种类型。一是以德国为代表的常导电式磁浮（EMS）；二是以日本为代表的超导电动磁浮（EDS），这两种磁浮都需要用电力来产生磁浮动力。而第三种是我国的永磁浮，它利用特殊的永磁材料，不需要任何其他动力支持。

（3）优点

① 适于高速运行。磁浮列车最大特点在于它没有通常的轮轨系统，由于消除了与轮轨之间的接触，不存在由于轮轨摩擦及黏着所造成的诸如极限速度等影响列车运行的问题，速度可达500km/h以上。

② 稳定安全。列车运行平稳，能提高旅客舒适度，由于磁浮系统采用导轨结构，不会发生脱轨和颠覆事故，提高了列车运行的安全性和可靠性。

③ 污染小，易维护。磁浮列车在运行中既不产生机械噪声，也不排放任何废气、废物，对周边环境的污染极小，有利于环境保护，加上磁浮列车由于没有钢轨、车轮、接触导线等摩擦组件，可以省去大量维修工作和维修费用。

④ 效率高。能充分利用能源、获得较高的运输效率。另外，磁浮列车可以实现全自动化控制，因此将成为未来最具有竞争力的一种交通工具。

（4）发展概况　德国是磁浮技术的发源地，至今却仍旧没有一条磁浮线路，这项技术被德国媒体界称为"昂贵的高科技玩具"。1989年德国在柏林建设长度1.6km的无人驾驶磁浮列车，并载客试运营，1991年7月正式服务，后被废弃。此后2000年柏林至汉堡、2003年鲁尔区特快两条磁浮线先后被放弃。2003年，德国磁浮技术在我国上海开花结果，最高速度可达到430km/h。

日本的磁浮技术开始于1962年，1979年12月试验速度达到了517km/h，1997年全长18.4km的日本山梨磁浮试验线建设成功并开始运行试验，2003年日本3辆编组的MLX01磁浮列车创造了581km/h的世界纪录。2013年8月，日本再次启动连接东京到名古屋的中央新干线项目，力争2027年开通，并宣称将在2045年建成东京到大阪的磁浮线路。

如图1-10所示，我国目前仅有三个城市开通了磁浮列车，上海磁浮列车专线西起上海轨道交通2号线的龙阳路站，东至上海浦东国际机场，专线全长29.863km，是中德合作开发的世界第一条磁浮商运线。2016年5月6日，中国首条具有完全自主知识产权的中低速磁浮商业运营示范线——长沙磁浮快线开通试运营，该线路也是世界上最长的中低速磁浮运营线。北京磁浮示范线已于2017年12月30日正式商业运营，它是北京市建设中的一条中低速磁浮轨道线，该线路连接北京城区与门头沟区，西起石厂站，向东至苹果园站，与6号线、1号线相接。

6. 自动导向轨道系统

（1）定义　自动导向轨道（AGT）系统是一个模糊的概念，不同国家和城市对此有不同的理解，目前还没有统一和严格的定义。广义上认为，AGT系统是那些所有现代化新型公共交通方式的总称。狭义上AGT系统则定义为：由电气牵引，具有特殊导向、操作和转向方式的胶轮车辆，单车或数辆编组运行在专用轨道梁上的中小运量轨道运输系统，如图1-11a所示。

（2）类型　AGT系统的导向系统可分为中央导向方式和侧面导向方式，如图1-11b所示，每种方式又可分为单用型和两用型。所谓单用型是指车辆只能在导轨上运行，两用型则指车辆既可在导轨上运行，又可在一般道路上行驶。

a) 上海磁浮列车

b) 长沙磁浮列车

图 1-10　我国的磁浮列车

a) 实物

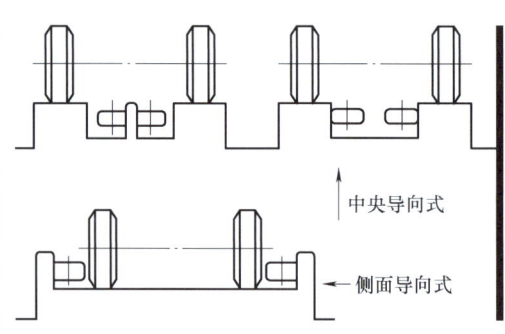
b) AGT 系统导向制式

图 1-11　AGT 系统

（3）特点　现在世界上运营的 AGT 系统约有 20 条线路，总长约 200km，其中日本约占一半。日本因土地短缺，需要一种占地面积小、自动化程度高、既节约人力又节省费用的轨道交通作为连接新老城区的交通工具。AGT 系统在日本得到了较快发展，是因为它有明显的优势。首先，AGT 系统客运能力为 5000~15000 人次/h，高于公共汽电车，而且建设成本与地铁、轻轨相比要低得多，所以比较容易吸引人们的注意力；其次，AGT 系统与单轨系统相似，运行在专用的高架轨道上，与其他车辆不构成干扰，运输效率较高；第三，AGT 系统的车辆除采用胶轮外，其他设备和有轨车辆相差不多，并可利用现有的轨道交通运行规程，在技术上容易实现；第四，AGT 系统既可采用车辆无人驾驶、车站无人管理的方式，也可省去自动运行系统，由人工操作，因而机动灵活，使用方便；第五，AGT 系统节约能源，基本没有噪声污染，对保护环境有利。当然 AGT 系统也有一个无法克服的缺点，就是它采用了独特的导向方式，车辆及轨道结构有别于其他轨道系统，因而兼容性不强，不能适应轨道交通一体化的发展趋势。

> **小知识**
>
> 　　AGT 系统与单轨系统相比，不同之处体现在以下几个方面：一是 AGT 系统的车辆比较小，车长大部分在 5~12m，列车编组量数也少，因此其运能比单轨系统略低；二是从日照、景观、建设成本等方面做比较，单轨系统比 AGT 系统更为有利；三是 AGT 系统自动化程度高，可实现无人自动运转，单轨系统在列车和车站一般均有工作人员管理；四是 AGT 系统导向机构简单，道岔动作时间短，维修简单方便，单轨系统转向架、道岔结构复杂，维修困难。

（4）发展概况　AGT系统最早出现在美国，当初多为一种穿梭式往返运输乘客的短距离交通工具，曾被称为"水平电梯"或称为"空中巴士""快速交通"。后来日本和法国又做了进一步的技术改进和发展，并使其成为城市中的一种中运量客运交通系统。日本称为AGT系统（意指含有高度自动化新技术的交通系统），以区别于其他各种交通运输工具。法国称为VAL系统，名称来源于轻型自动化车辆的法文字母字头的缩写。国内把AGT系统称为乘客自动捷运（Automated People Mover，APM）系统。2010年11月，广州APM通车试运营。2018年3月，上海APM浦江线通车试运营。

对于AGT系统的适用范围，目前日本较一致的看法是，如果城市人口超过100万人，采用地铁或轻轨系统比较适宜，而对于城市人口在20万~100万人的中等城市，AGT系统则更容易发挥它运量大、速度快、安全、准时的优点，是取代公共汽电车的主要交通方式。

7. 市域快速轨道交通系统

市域快速轨道交通简称市域快轨，又称市域（郊）铁路。市域（郊）铁路一般和干线铁路设有联络线，设备与干线铁路相同，服务对象以城市公共交通客流即短途、通勤旅客为主，是连接城市市区与郊区以及连接城市周围几十千米甚至更大范围的卫星城镇的铁路，它往往又是连接大中城市干线铁路的一部分，因此它具有干线铁路的技术特征，如轨道通常是重型的。线路大多数建在地面，部分建在地下或高架。其运行特点接近于干线铁路，只是服务对象不同。

市域（郊）铁路是伴随着城市规模的扩大、卫星城的建设而发展起来的，通常使用电力牵引和内燃机牵引，列车编组多在4~10辆，最高速度可达160km/h。市域（郊）铁路运能与地铁相同，但由于站距较地铁长，旅行速度超过地铁，可达80km/h以上。

因为市郊铁路与城市轻轨不同，故又被叫作重型铁路，因为其与干线铁路也不同，所以也常常被称为通勤铁路或月票铁路。通常其所有权不属于所在城市的城市政府，而由铁路部门经营，如北京目前的三条市域（郊）铁路均由中国铁路北京局集团有限公司运营管理。

任务二　国外城市轨道交通的发展

任务目标

知识目标
1. 了解国外城市轨道交通行业发展情况。
2. 了解国外主要城市轨道交通现状。

技能目标
具有指出国外主要城市轨道交通现状和特点的能力。

素养目标
通过学习城市轨道交通行业的发展历史，培养学生科技创新的意识和保障民生的观念。

知识课堂

一、国外城市轨道交通发展的历史

1. 城市轨道交通诞生前阶段（1804~1863年）

1）有轨马车，如图1-12所示，有轨马车是英国人约翰·乌特兰于1775年发明的，是靠马匹牵引车辆、车轮在铁制轨道上滚动行驶的交通运输工具。第一个提出将马车轨道嵌入路面的是法国南特人埃米尔·卢巴，根据这项发明，1835 年，他为巴黎修建了第一条嵌入式凹形马车轨道；又于 1852 年负责修建了纽约 6 号街的马车轨道。有轨马车在城市客运中的出现，标志着轨道运输形式进入城市。

2）从 1804 年，英国理查德·特雷维塞克设计制造的蒸汽机车"新城堡"号，成功行驶在由默尔瑟开到阿伯西昂的轨道上，到 1825 年由设计者斯蒂芬森亲自驾驶"旅行"号列车，从伊库拉因车站出发到达斯托克顿，标志着近代铁路运输业的开始和用来解决人们城市出行的开端。新城堡号和旅行号蒸汽机车如图 1-13 所示。

图 1-12　有轨马车

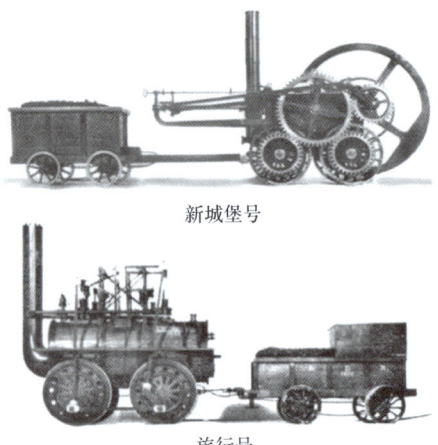

图 1-13　新城堡号和旅行号蒸汽机车

2. 城市轨道交通诞生起步阶段（1863～1890 年）

这一阶段城市轨道交通于 1863 年在英国伦敦诞生，自此，不同的形式的城市轨道交通如雨后春笋般在世界，特别是欧美各国出现。

1863 年，世界公认的第一条以蒸汽机车作为牵引动力的英国伦敦地铁开通，标志着世界城市轨道交通的诞生，如图 1-14 所示。

1870 年，美国第一条在曼哈顿格林尼治大街及第九大道的高架快速轨道交通线开始运营，标志城市轨道交通高架线路的出现。1881 年，德国西门子在柏林近郊铺设了第一条电车轨道，如图 1-15 所示，并逐步采用将输电线路架高的方式解决了供电和安全问题。

图 1-14　世界第一条地下铁路——英国伦敦地铁

图 1-15　1881 年西门子铺设的电车轨道

1888 年，美国人斯波拉格在美国弗吉尼亚州里磁门德市的几条有轨马车路线上，改用电力牵引车行驶,并对车辆电动机的悬挂方法及驱动方式、集电装置、控制系统做了改进,这是世界上第一个投入商业运行的有轨电车系统,如图1-16所示,标志着有轨电车开始在世界范围内迅猛发展起来。

3. 城市轨道交通初步发展阶段（1890~1924年）

1）1890年,英国伦敦第一条使用电动列车牵引的地铁建成,成为世界上最早使用电力机车牵引的地下铁路。1896年,匈牙利布达佩斯修建了欧洲最早的电气化地铁,解决了地铁通道的空气污染问题。到今天这条线路改造后仍在使用,就是1号红线地铁,当地居民称为"小地铁",如图1-17所示。1897年,6节编组的多节电动列车开始在美国芝加哥的南侧高架线上运营,如图1-18所示。

图1-16 美国的有轨电车

图1-17 匈牙利布达佩斯"小地铁"

2）1904年,美国纽约地铁巴尔蒙线开通,如图1-19所示,成为美洲最早建立地铁系统的城市。1913年,阿根廷的布宜诺斯艾利斯建成地铁系统,成为拉丁美洲最早建立地铁系统的城市。1926年,澳大利亚悉尼开通隧道电车,揭开了大洋洲建立城市轨道交通系统的序幕。1927年日本东京开通浅草至涩行的地下铁路线,为亚洲最早的地下铁路。

图1-18 美国芝加哥的南侧高架线

图1-19 美国纽约地铁巴尔蒙线开通

4. 城市轨道交通停滞萎缩阶段（1924~1949年）

这一阶段由于汽车工业的发展等原因,又因为城市轨道交通投资大,建设周期长,城市轨道交通的发展在这一时期呈现出停滞,甚至萎缩的局面。

5. 城市轨道交通再发展阶段（1949~1969年）

这一阶段由于汽车过度增加,造成车辆与道路的尖锐矛盾,道路交通速度下降甚至趋于瘫痪,加之不断增大的石油资源消耗、空气和噪声污染,人们又把解决城市交通问题的注意力放在城市轨道交通上来,许多国家的城市开始兴建城市轨道交通。

一些新型的城市轨道交通形式逐渐涌现。如1959年，美国第兹尼兰德跨坐式轻轨铁路开始运营。1961年，单轨铁路在意大利世界博览会开始营运。

6. 城市轨道交通高速发展阶段（1969~现在）

这一阶段伴随着世界各国城市化进程的发展，客流量的不断攀升，城市内的交通距离在延长，人们生活节奏的加快，对城市交通要求越来越高，各国政府越来越重视城市轨道交通在解决城市交通问题中的作用，不惜花费大量人力、物力、财力来建设城市轨道交通设施。

1984年，法国第一条现代化有轨电车线路在南特市建成通车。英国于1984年在伯明翰建成低速磁浮铁路并投入使用。1987年，埃及开罗开通地铁系统，非洲开始有地铁。2002年12月，上海磁浮列车线路开始试运行，是世界上第一条磁浮商业运营线路。

二、国外各大城市轨道交通的发展特色

1. 莫斯科地铁

莫斯科地铁是世界上规模最大、效率最高的地铁系统之一。莫斯科地铁连接着莫斯科的各主要公共场所，大多数标志性建筑都有地铁站，以红色"M"标记，如图1-20所示。最能体现其特色的恐怕还是它早期建成的车站，有"地下艺术宫殿"的美誉，被公认为世界上最漂亮的地铁之一，如图1-21所示。

图1-20 莫斯科地铁的标志

图1-21 莫斯科的地铁车站

莫斯科地铁每天平均开8500多次列车，担负全市客运量的45%，每天运送的乘客达900多万人次，其主要结构为中心向四周辐射状，所有的线路按照其开通顺序的先后获得编号，其中最重要的线路便是长度大约为20km的5号线——环线，它负责连接起其余绝大部分分支线路。

2. 东京地铁

如图1-22所示，东京地铁由帝都高速交通财团管理下的东京地铁股份有限公司（东京地下铁株式会社）（即营团线地铁）和东京都交通局（即都营线地铁）两家共同经营管理。东京都内交通系统既方便又复杂。但只要注意观察车站内醒目的换乘标志，按标志牌指明的方向行进，既可顺利完成换乘。线路将东京地下连成一个网状城市，线路纵横交错，不出地面，乘地铁几乎可以到达东京市内任何一个地点。它们不只在东京都内运行，前往近郊的城市也十分便捷。东京的各条电车路线均用不同颜色来表示，识别颜色是换乘的要点之一。日本是世界上最早实行不同地铁线路用不同标识色管理的方式，这种方式可使换乘更加方便快捷，如图1-23所示。

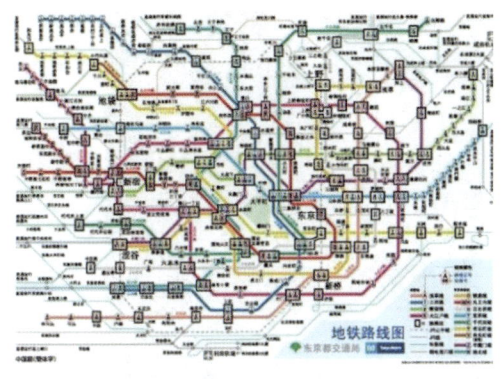

图1-22 东京地铁线路图

图1-23 东京地铁线路的标识色

3. 墨西哥城地铁

如图1-24所示,墨西哥城地铁如今是拉美地区规模最大、最现代化的地铁网络。最有特色的是墨西哥城的地铁票价,曾被誉为"世界上最便宜的车票"——2比索(1.8元人民币),其福利性很强。墨西哥城地铁文化颇具特色,重要地铁站的出入口和站厅的墙壁绘有颇具墨西哥传统文化的壁画和雕塑,如图1-25所示。

图1-24 墨西哥城地铁线路图

图1-25 墨西哥地铁站的雕塑

4. 纽约地铁

如图1-26所示,纽约地铁是世界上兴建最早、效率最高的地铁系统之一。纽约地铁拥有472座车站,商业营运路线长度为394km,用以营运的轨道长度约为1070km,总铺轨长度达1370km。虽其名为地铁,但约40%的路轨形式为地面或高架。纽约地铁是世界上最著名的十大地铁之一。

纽约地铁的建筑与装饰材料很有特色,纽约地铁站台边的墙上几乎无一例外地用马赛克或瓷砖来拼贴站名和方向标记、花边、图案,说它是一座陶瓷(图1-27)拼镶艺术的"博物馆"也不为过;另外纽约的整个地铁系统几乎是用钢材堆起来的(图1-28),整个地铁网络所消耗的钢材数量惊人。纽约地铁还显示了它强大的包容性,纽约地铁是不安静的,甚至是喧闹的,车厢里有各种肤色的人种,一天能听上几十种语言。此外,站台上和地铁口成为表演者和打工者的舞台,在那里经常能看见来自世界各地的杂耍和其他街头艺术,地铁成了一个多元文化的交织点。

图1-26 纽约地铁线路图　　　　图1-27 纽约地铁中的陶瓷装饰

5. 巴黎地铁

如图1-29所示,巴黎地铁被誉为世界上最好的地铁系统之一,是欧洲第三大地铁系统,长度排在伦敦地铁、马德里地铁之后。

巴黎部分地铁线路的列车用的是硬橡胶制成的车轮,这种车轮噪声小,但其缺点是速度相对较慢,车辆颜色统一为蓝白相间,如图1-30所示,再加上巴黎地铁的站间距很小,使巴黎地铁成了世界上车辆行驶速度相对较慢的地铁系统。

图1-28 钢材堆起来的纽约地铁

巴黎地铁无论是建筑装饰还是灯光色彩都散发着艺术的气息,一些地铁站按照不同主题被装扮成如同艺术馆、博物馆、剧院和音乐厅等,甚至那些涂鸦爱好者们,也把地铁车厢和车站墙壁、地面当成了他们展现"才华"与"个性"的画板。

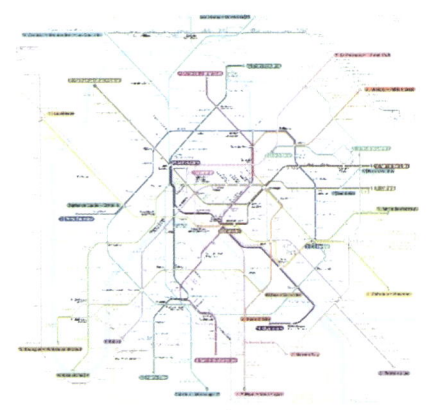

图1-29 巴黎地铁线路图　　　　图1-30 巴黎地铁的车辆

6. 伦敦地铁

伦敦地铁是世界上最古老的地铁之一，是世界地铁的发源地，如图 1-31 所示。伦敦地铁在英语中常被昵称为"The Tube"（管子），名称来源于车辆在像管道一样的圆形隧道里穿行，如图 1-32 所示。

伦敦地铁线路复杂，同一条线上会有不同路线、不同终点及区间车，乘车时必须看清列车第一节车厢上方屏幕的显示再上车。列车到站时，大部分市中心车站会广播："请留意列车与站台的间隙（Please mind the gap between the train and the platform）"，这一短语俨然成为伦敦地铁的听觉标志。

图 1-31　伦敦地铁线路图

图 1-32　伦敦地铁的"管子"

7. 首尔地铁

如图 1-33 所示，首尔地铁自 1974 年开通 1 号线之后，发展非常迅速。虽然韩国的地铁历史短暂，但其地铁文化艺术列车却属世界首创。车厢被做成了各种主题，如图 1-34 所示，如"浪漫主题""水族馆主题""现代艺术主题""色彩主题""森林主题""丰收主题""海洋主题"等。首尔地铁中专门设有中文标识。

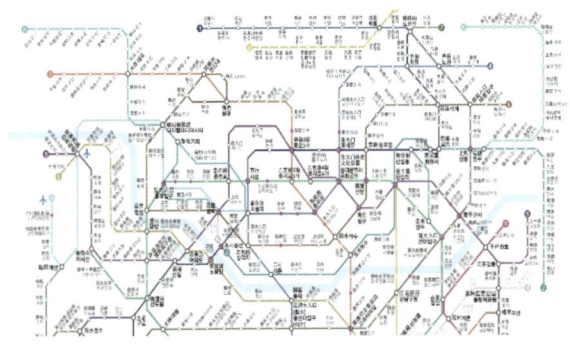

图 1-33　首尔地铁线路图

图 1-34　首尔地铁"海洋主题"列车

8. 柏林地铁

柏林是继伦敦、布达佩斯、格拉斯哥和巴黎之后，第 5 个建成地铁的城市。自 1902 年 2 月 15 日柏林的第一条地铁通车，到如今柏林已经建成了一个地铁网，如图 1-35 所示。

柏林地铁给人最大的印象是它的平静，每天成千上万的客流量并不显得嘈杂，装饰也很有特色。柏林的地铁列车通身着鲜艳而简单的明黄色，如图 1-36 所示，方正的车厢，十分醒目而显得有特色。柏林地铁没有检票闸机和检票员，无人售检票系统在站台，买不买票，全凭自觉，德国人高度的自觉性和严格的纪律性得到了充分的体现。

图 1-35　柏林地铁线路图

图 1-36　柏林的地铁和车辆

任务三　我国城市轨道交通的发展

任务目标

知识目标
1. 了解我国城市轨道交通行业发展情况。
2. 了解我国主要城市轨道交通现状。

技能目标
具有依据主要标识辨别我国主要城市的轨道交通系统的能力。

素养目标
通过学习我国城市轨道交通发展历程和成就，培养学生的爱国情怀。

知识课堂

一、我国城市轨道交通概述

1. 早期有轨电车交通时代

我国城市轨道交通系统的产生是从有轨电车开始的，最早的有轨电车出现在北京，起源于 20 世纪初，20 世纪 50 年代我国有轨电车的发展达到了高峰，北京、天津、上海、哈尔滨、长春、大连、鞍山等诸多城市都建成了有轨电车，它在我国城市交通中发挥了历史性的作用，如图 1-37 和图 1-38 所示。

由于有轨电车与城市的发展存在诸多矛盾，因此我国有轨电车同国外一样，从 20 世纪 50 年代逐渐被拆除。至今仍有有轨电车运营的城市有香港、大连、长春、鞍山，而大连、长春有轨电车正在被改造为轻轨交通的一部分。北京前门大街已恢复有轨电车线路，但仅供于观光旅游。

2. 城市轨道交通时代

我国城市轨道交通是以 1965 年 7 月 1 日开工建设的北京地铁为开端的，发展至今大致经历了以下三个阶段。

图 1-37　北京第一条有轨电车开通

图 1-38　旧上海的有轨电车

（1）城市轨道交通起步阶段（20世纪60年代~80年代初）　这一时期，我国先后于1969年在北京和1976年在天津开通了两条地铁，图1-39为北京地铁1号线。上海从20世纪60年代进行了地铁的研究和试验，并建成一段试验段。1979年10月香港第一条地铁线路开始运营。

（2）城市轨道交通平稳发展阶段（20世纪80年代中期~2000年）　这一时期，我国开始了改革开放的进程。伴随着经济的发展，继北京、天津之后，上海、广州也修建了地铁，图1-40为上海地铁2号线。

这一时期，我国内地新增地铁运营里程120km。香港地铁在这一时期也得到了迅猛的发展，完成了现有7条线路的建设，并跻身世界城市地铁的前列。1996年，台北市修建了第一条城市轨道交通线路，揭开了台湾地区修建城市轨道交通系统的序幕。

图 1-39　北京地铁1号线

图 1-40　上海地铁2号线

（3）城市轨道交通快速发展阶段（21世纪初至今）　进入21世纪，中国经济的迅猛发展为地铁建设带来了重大机遇，各大城市地铁项目竞相立项开工。截至2019年12月31日，中国已开通轨道交通的城市（以首条轨道交通开通时间排序）有43个，分别是北京、香港、天津、上海、台北、广州、长春、大连、武汉、深圳、南京、高雄、成都、沈阳、佛山、重庆、西安、苏州、昆明、杭州、哈尔滨、郑州、长沙、宁波、无锡、青岛、南昌、福州、东莞、南宁、合肥、石家庄、贵阳、厦门等。图1-41为我国部分城市地铁的标志。

图 1-41　我国部分城市地铁标志

二、我国各城市轨道交通发展的现状与特色

1. 北京

北京地铁是服务于我国北京市的城市轨道交通系统。其规划始于1953年，工程始建于1965年，最早的线路竣工于1969年，1971年开始运营，是我国的第一个地铁系统。图1-42为北京市城市轨道交通线网图。

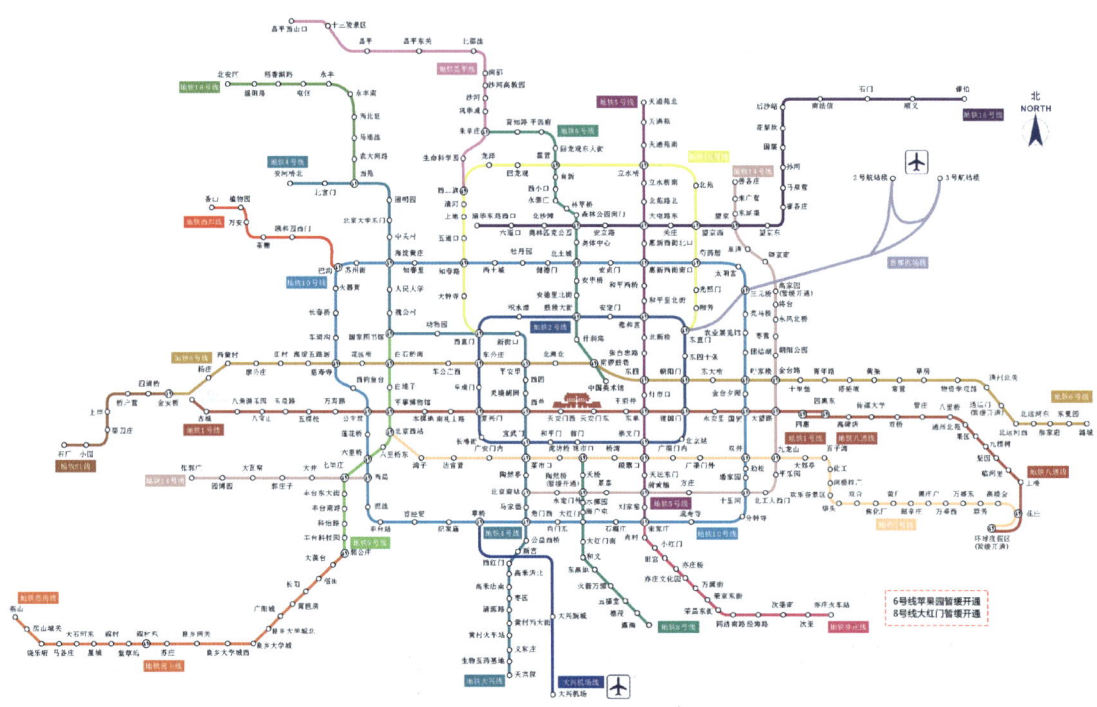

图1-42　北京市城市轨道交通线网图

截至2019年年底，北京地铁在建线路15条，共有23条地铁线路，均采用地铁系统，覆盖北京市11个市辖区，运营里程699.3km，共设车站405座。2017年12月23日起，北京市城市轨道交通全路网实现线上购票、车站取票。2018年，北京地铁日均客流为1054.4万人次，单日客运量最高达1275.38万人次，年乘客量达到约38.5亿人次，大约占全国地铁客流总量的18%。

2. 天津

天津是继北京之后我国大陆地区第2个拥有地铁的城市。天津第一条地铁（时称"天津地铁一号线"）于1970年6月5日开始建设，1984年12月28日正式通车运营。图1-43为天津市城市轨道交通线网图。

截至2019年12月28日，天津市城市轨道交通运营的地铁线路总共6条，包括地铁1、2、3、5、6及9号线（津滨轻轨），线网覆盖11个市辖区，总运营里程233km，全国排名第十位，共设车站143座；此外还包括位于天津滨海新区的天津开发区导轨电车1号线，它是中国第一条投入商业运营的导轨电车线路，线路全长7.9km，在泰达站实现与天津地铁9号线的换乘。

项目一 城市轨道交通的认知 25

图 1-43 天津市城市轨道交通线网图

3. 上海

上海地铁是指服务于我国上海市的城市轨道交通，其第一条线路上海轨道交通 1 号线于 1993 年 5 月 28 日正式运营，是继北京地铁、天津地铁建成通车后我国大陆地区第 3 个投入运营的城市。图 1-44 为上海市城市轨道交通线网图。

截至 2019 年 12 月，上海地铁共开通线路 17 条（1～13 号线、16 号线、17 号线、浦江线和磁浮线），全网运营线路总长 705km，位居我国第一位，同时也是世界第一。车站共 415 座，在建 4 条线路，在建里程共 163.6km。根据规划，上海市城市轨道交通 2030 年线网总长度约 1642km，其中地铁线 1055km，市域铁路 587km。

截至 2019 年 6 月，上海地铁最高日客运量为 2019 年 3 月 8 日的 1329.4 万人次。2019 年，上海地铁日均客运量 1065.03 万人次，总客运量达到 38.8 亿人次。

4. 广州

广州地铁是我国大陆地区第三大城市——广州市的城市轨道交通系统，也是国际地铁联盟（CoMET）的 14 个成员之一，首条线路于 1997 年 6 月 28 日开通，广州也成为我国大陆地区第四个开通并运营地铁的城市。图 1-45 为广州市城市轨道交通线网图。

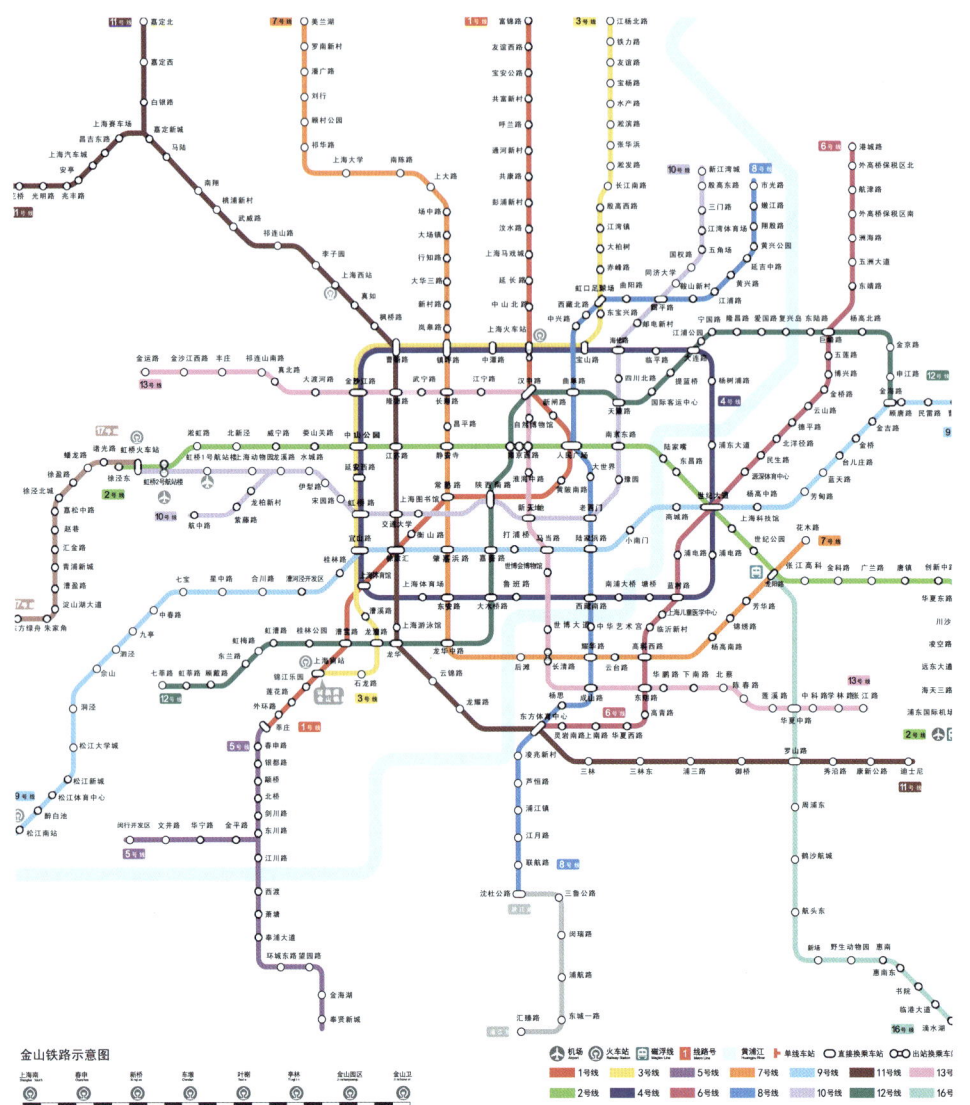

图1-44 上海市城市轨道交通线网图

截至 2019 年 12 月 28 日,广州地铁运营线路共 14 条,共设车站 271 座,共有换乘站 31 座,运营里程 513km,运营里程居我国第三、世界第三。同时,截至 2019 年 12 月,广州地铁在建线路共有 12 条(段),在建总里程共 421.2km。广州地铁由广州市地下铁道总公司负责营运管理,并且还是广佛地铁的实际建设及营运者,因此广州地铁的服务范围也延伸至佛山市。

截至 2020 年 3 月,广州地铁日均客运量超过 900 万人次,最高日客运量达 1156.9 万人次,承担了广州市超过 50% 的公交客流运送任务。

5. 青岛

青岛地铁是服务于我国山东省青岛市的城市轨道交通,其首条线路青岛地铁 3 号线于 2015 年 12 月 16 日开通试运营。

截至 2019 年 12 月,青岛地铁开通运营线路共有 4 条,即青岛地铁 3 号线、青岛地铁 2 号线一期、青岛地铁 11 号线、青岛地铁 13 号线一期和二期南段。截至 2020 年 3 月,青岛地铁在建线路共有 6 条,总长 187.99km 的轨道交通网络。图 1-46 为青岛市城市轨道交通远景线网图。

项目一　城市轨道交通的认知

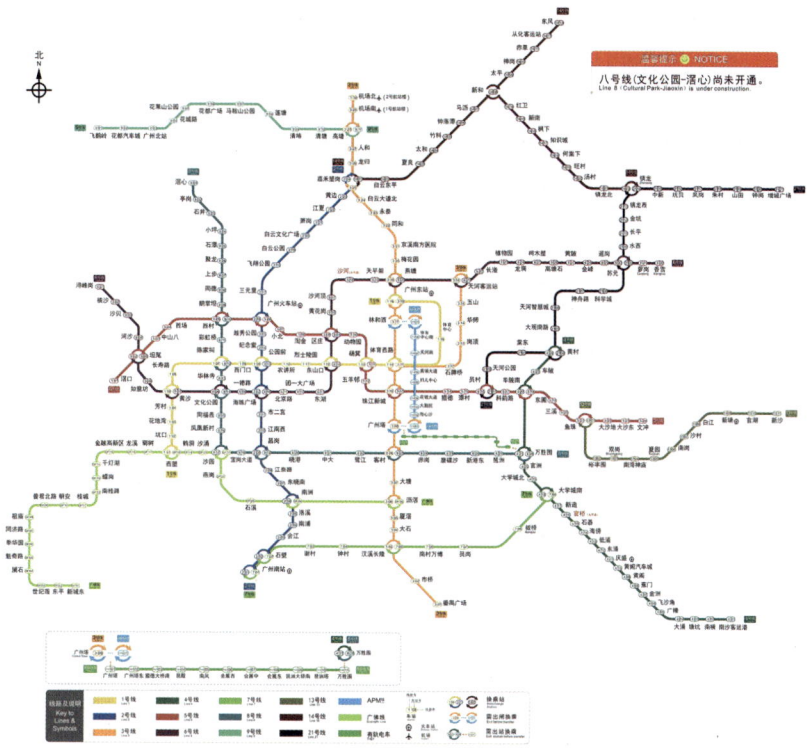

图 1-45　广州市城市轨道交通线网图

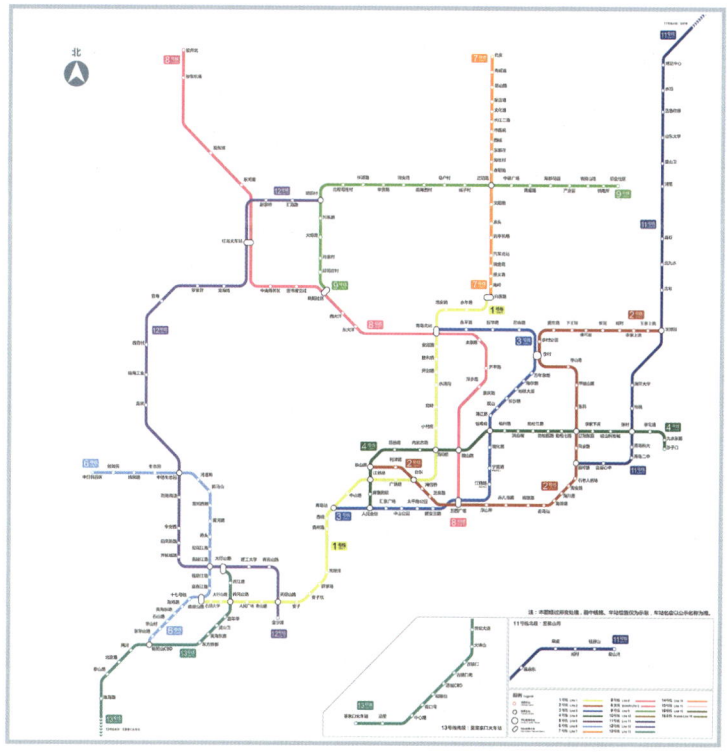

图 1-46　青岛市城市轨道交通远景线网图

2019年,青岛地铁共发送乘客1.88亿人次。截至2019年12月,青岛地铁最高日客运量出现在2019年5月,达84.88万人次。

6. 香港

香港地铁曾经是香港两大城市轨道交通系统之一,原称地下铁路,由香港铁路有限公司营运。地铁自1979年起为乘客提供市区列车服务。

截至2019年年底,香港地铁全长264km,由观塘线、荃湾线、港岛线、南港岛线、东涌线、将军澳线、东铁线、西铁线、马鞍山线、迪士尼线、机场快线组成,共154座车站。图1-47为香港城市轨道交通线网图。

2016年12月,我国首列无人驾驶地铁在香港开通。

7. 成都

成都地铁是成都城市轨道交通的组成部分,服务于四川省成都市及其周边地区,由成都地铁运营有限公司和PPP项目公司负责管理与运营。其首条线路成都地铁1号线于2010年9月27日正式开通,为中西部首条地下铁线路,也使成都成为我国大陆地区第十个拥有轨道交通(地铁)的城市。

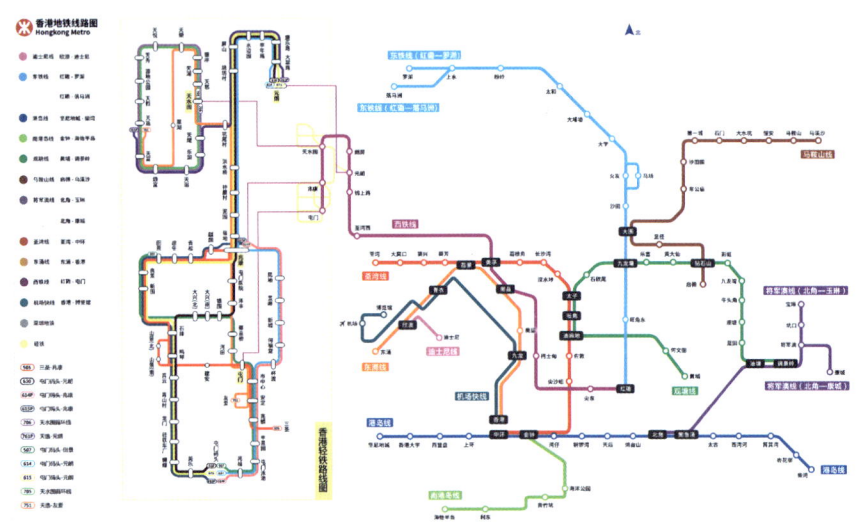

图1-47 香港城市轨道交通线网图

截至2019年12月,成都城市轨道交通共开通8条线路(包含有轨电车),线路总长341km,共计238座车站投入运营(换乘站不重复计算)。

2019年12月31日,成都地铁单日线网客运量达525.60万乘次,突破了500万乘次大关,成为继北京、上海、广州、深圳后我国第5个实现单日客运量突破500万乘次的轨道交通单位。图1-48为成都市城市轨道交通线网图。

8. 石家庄

石家庄地铁是服务于我国河北省石家庄市的城市轨道交通。其首开线路于2017年6月26日开通试运营,是河北省第一座、华北地区第三座拥有地铁的城市,也是全国第一座初始开通即运营两条线路的城市。

截至2020年1月,石家庄地铁运营线路共有2条,包括1号线一期工程和二期工程及3号线一期首开段,里程总长约40.7km,共设车站31座,在建线路共有2条,包括2号线一期工程、3号线一期东段工程和3号线二期工程，在建线路里程合计约31km，共27座车站（含车辆段）。到2020年6月，石家庄地铁2号线预计将全线开通试运营。图1-49为石家庄市城市轨道交通线网规划图。

通车以来，石家庄地铁运营平稳有序，各项指标良好，2019年日均客流达25万人次，单日最高客流34.26万人次，公共交通体系的吸引力大大增强，轨道交通客运量占公共交通客运量的15%左右，公共交通分担率逐步提高，地铁的独特魅力使愈加国际化的石家庄闪耀着"城市之光"。

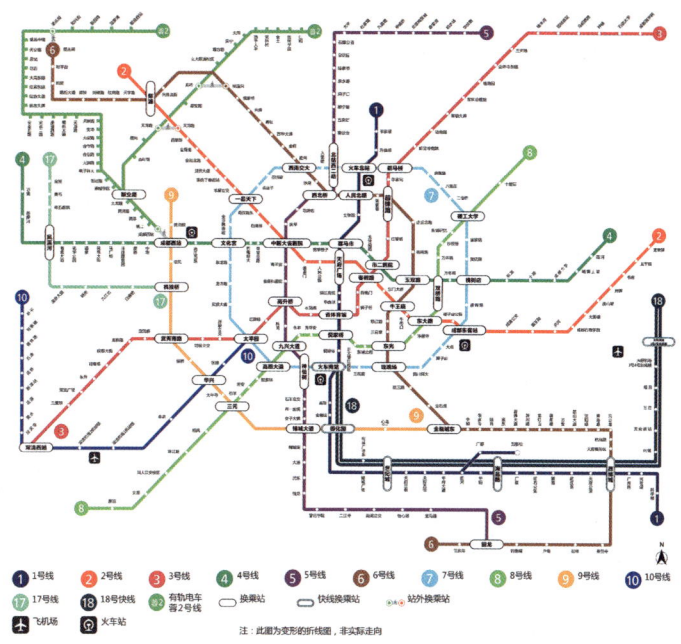

图1-48　成都市城市轨道交通线网图

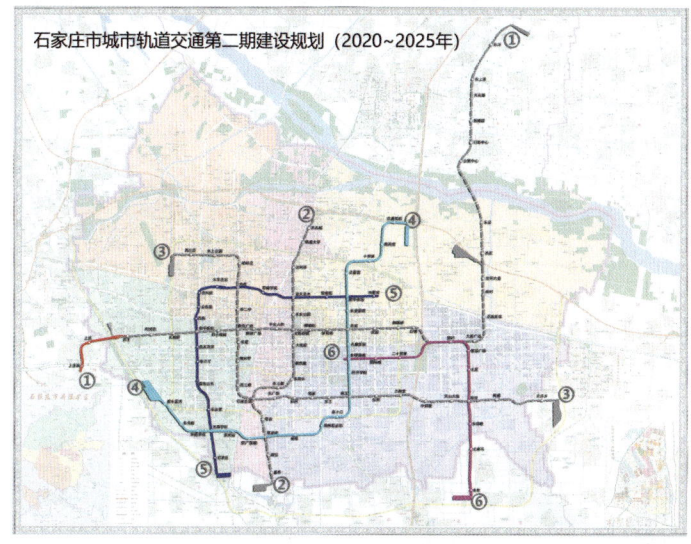

图1-49　石家庄市城市轨道交通线网规划图

项目二

城市轨道交通规划设计与工程施工的认知

学习导入

城市轨道交通作为城市重要基础设施,具有建设周期长、资金投入大等特点。城市轨道交通规划设计离不开城市总体规划,同时,城市轨道交通的建设也会影响到城市的基本布局和结构调整。轨道交通作为百年工程,规划设计阶段如何在保证科学合理的同时,满足经济性和可实施性的要求就显得尤为重要。影响城市轨道交通规划的因素有很多,不但要考虑城市人口分布,与其他交通工具的接驳,还要考虑施工条件以及城市未来发展方向等。本项目将介绍城市轨道交通线路从规划设计到工程施工的相关内容。

任务一 城市轨道交通规划与设计的认知

任务目标

知识目标	技能目标	素养目标
1. 了解城市轨道交通规划设计的基本概念。 2. 掌握线网规划的原则。 3. 了解常见的几种线网结构的特点。 4. 掌握城市轨道交通线路平纵断面设计的基本内容。	1. 具有识别常见线网结构的能力。 2. 具有说出城市轨道交通线路平纵断面设计要求的能力。	1. 增强学生自主学习的能力。 2. 树立精益求精的工匠精神。

知识课堂

一、城市轨道交通线网规划

城市轨道交通工程一般按照前期工作、设计工作、工程实施工作等步骤进行。其中,线网规划作为前期工作的重要组成部分。城市轨道交通具有建设周期长、投资量大、使用时间长（通常要求达到100年）等特点。因此，线网规划的好坏对城市轨道交通的建设，乃至城市的发展影响是巨大的。线网规划不但要满足当前市民交通出行的需求，更要适应城市今后的发展。根据线网规划时间长短，可分为近期建设规划（3~5年）、中期网络规划（5~20年）和远期发展规划（20~50年）。

> **小知识**
>
> 从某种程度来说，线网规划是一个动态的过程。这是因为：城市发展是不断变化的；设计人员的认知水平、设计理念也是不断变化的；工程技术装备的升级、更新，施工工艺水平的提高等因素也会影响线网规划。

1. 线网规划的意义

（1）**促进城市总体规划建设** 城市轨道交通线网规划作为城市总体规划重要组成部分，直接影响城市交通结构布局及沿线土地的利用开发。轨道交通的建设将极大地推动城市发展，从而促进城市总体规划建设。

（2）**引导城市交通合理布局** 城市轨道交通线路作为百年工程，其线网规划要与公交、私家车、自行车等其他交通方式紧密配合。其他交通方式规划时要以既定的城市轨道交通线网为基础，避免重复建设，确保城市交通布局的合理性、科学性。

（3）**促进城市其他基础设施建设** 城市轨道交通线网的规划，会直接影响沿线建筑、桥梁和地下管线的建设，甚至导致一些建筑或地下管线的迁移、改造和升级。只有线网规划与城市其他基础设施规划相协调，才能最大限度地发挥城市轨道交通社会效益和经济效益。从而促进城市基础设施的建设。

（4）**为预留城市轨道交通建设用地提供依据** 城市轨道交通建设周期长、用地范围广、影响范围大，同时对地质条件也有一定要求，因此，要提前储备轨道交通建设用地。如果没有线网规划可能会对今后轨道交通建设带来施工难度变大、拆迁成本增加等一系列问题。

（5）**促进城市轨道交通工程建设实施** 城市轨道交通系统的建设通常可分为前期工作、设计工作、工程实施工作、运营接管工作等几个阶段。线网规划是前期工作的重要内容，是轨道交通工程建设实施的前提条件。

2. 线网规划的原则

（1）**线网规划要覆盖城市主要交通线路** 建设轨道交通的根本目的就是要满足城市人口日益增长的交通需求，解决居民出行难，缓解交通拥堵，减少环境污染等问题。线网规划时要结合城市结构布局、客流分布以及城市发展方向。既要立足于现状，又要考虑到未来。只有这样才能使轨道交通最大限度地吸引客流，成为真正的交通主干网络，实现社会效益和经济效益最大化。

（2）**线网规划要做好与其他交通方式的接驳** 飞机、火车、汽车等交通方式都有其各自特点和优势，做好轨道交通与其他交通方式接驳，构建交通一体化，一方面有利于提高城市交通运输效率，为轨道交通吸引更多客流；另一方面有利于乘客缩短出行时间，降低出行费用。

（3）**合理规划路网结构** 线网规划的好坏主要体现在两方面：是否满足广大居民出行需要，让居民能享受舒适、高效、便捷乘车体验；是否能在满足前者的条件下，尽可能降低投资，减轻政府财政负担。因此，要根据城市总体规划和发展方向，提前做好客流预测工作，采用科学合理的路网结构。此外，线网密度要适中，协调好社会效益和经济效益。

（4）要考虑轨道交通附属设施的规划建设，为其留有发展空间　线网只是轨道交通系统的一部分，规划线网时还要考虑其他附属设施位置规划，例如车辆段、停车场、变电所等场地与线路的衔接。

（5）线网规划时要考虑建设成本　城市轨道交通建设投资大回报慢，平均每千米造价数亿元。因此，在线网规划时要优先考虑地质条件好的区域，降低施工难度，节省施工费用。经过老城区的线路，在满足客运需求的同时，尽可能缩短建设里程，减少征地面积，降低拆迁安置费用。

3. 线网规划的内容

（1）线网规划背景调研　这是进行城市轨道交通建设的前提。研究内容有城市经济发展水平、道路交通现状、人口分布特点、城市结构布局、地质地貌条件以及当地交通政策等。以此确定轨道交通建设的必要性和可行性。

（2）确定线网结构和规模　线网结构的规划要符合城市结构形态，跟城市发展布局相协调。线网规模既要能满足当前交通需求，也要能应对未来一定时期内客流的增长。

（3）线路规划　线路规划包括线路走向、敷设方式以及车站分布等。

（4）联络线规划　联络线是连接不同的运营线路，例如车辆段与正线的连接。联络线位置分布一定要规划合理，以便线路投入运营后，能灵活调运各线路中的车辆。

（5）车辆段与其他附属设施规划　车辆段不但作为列车车辆停放、运用、检查、整备和修理的场地，一般还包括有物资总库、培训中心、员工食堂等附属设施。车辆段规划时要考虑与正线的衔接以及土地征迁费用，通常选在城市郊区。

（6）线网建设顺序　在确定线网建设顺序时，要考虑城市交通需求、城市规划布局、工程施工难度和资金到位情况等因素，做到科学规划，合理安排。

4. 线网结构形态

城市轨道交通只有成网络化运营才能最大限度地发挥其社会效益和经济效益，因此，一个城市轨道交通线路一般都在3条以上。根据城市的地形地貌、人口分布、商业布局、土地利用等特点，形成了不同的线网结构。常见的线网结构主要有放射式、网格式和环形放射式3种。

1）放射式结构是指以城市中心区为核心，至少3条线路相交叉，向四周呈放射状的线网结构，如图2-1所示。

> **小知识**
>
> 该方式优点是从市郊可直达市中心，符合一般城市由中心区向边缘区土地利用强度递减的特点。缺点是市中心客流相对集中，市郊间换乘不便。

2）网格式结构也称为棋盘式结构，是指各线路相互垂直交叉，形成网格状，如图2-2所示。

> **小知识**
>
> 该方式优点是线路分布均匀，换乘节点分散，乘客换乘选择多，且线路较顺直，易于施工。缺点是从市郊到市中心直达性较差，平行线路间联系较弱，需要多次换乘。

项目二　城市轨道交通规划设计与工程施工的认知

图 2-1　斯德哥尔摩城市轨道交通网　　　　　图 2-2　北京城市轨道交通网

3）环形放射式结构是在放射式结构基础上增加环线而形成的线网结构，如图 2-3 所示。该结构既具备了放射式结构的优点，又克服了其市郊间换乘不便，市中心客流集中的缺点，使整个线网客流分布更均匀，便于乘客出行。

图 2-3　莫斯科城市轨道交通网

二、线网设计

城市轨道交通线网设计是指依据线网规划，对规划线路平面、横断面和纵断面进行设计，确定线路三维空间位置，为后面施工建设做准备。设计过程中，要保证线路未来施工的可行性和经济性。线网设计确立了线路具体走向和位置，是整个城市轨道交通建设的重要环节。

1. 线网设计的过程

（1）可行性研究阶段　该阶段主要从社会效益和经济效益等方面对多个规划方案进行综合比选，基本确定线路大体走向、车站分布等。明确设计指导思想和主要技术标准。

（2）总体设计阶段　该阶段主要根据可行性研究报告和审批意见，初步确定线路平面规划、不同铺设方式线路的衔接位置、车站、车辆段及其他附属设施大致位置，提出线路纵断面的标高位置等。明确总体设计思路方法。

（3）初步设计阶段　根据总体设计文件及审查意见，确定线路设计原则、技术标准、线路平面位置和车站位置，之后开始纵断面设计。

（4）施工设计阶段　根据初步设计文件及审查意见，对个别不满足特殊要求的车站位置和曲线半径进行微调，并对线路平面及纵断面通过精确计算后进行详细设计。此外还要提供施工图纸和相关说明资料。

2. 线网设计的内容

（1）线路选线　线路选线包括选择线路的走向、路由、敷设方式、辅助线分布、车站分布和交叉形式等。

（2）线路平面设计　线路平面设计主要分为直线和曲线两部分。其中曲线又分为缓和曲线和圆曲线。设计时要根据实际情况，结合相关技术标准要求，确定曲线半径、长度等参数。

（3）线路纵断面的设计　线路在纵断面上主要分为平道和坡道。设计时要根据平道与坡道的技术标准，确定坡段长度、坡度及连接相邻坡道的竖曲线等参数。

三、线路平纵断面设计

1. 线路的铺设方式

（1）地下线　地下线是指线路铺设于地下隧道，不占用地面空间。

> **小知识**
>
> 优点是独立运行不受外界气候影响，不妨碍地面交通，对城市环境影响小，且可减少拆迁数量等。缺点是在一些地区施工难度较大，对施工工艺、技术水平要求较高。此外，建设周期较长，施工费用较高。通常，在市中心或建筑密度较高地区，优先选用地下线路。

（2）地面线　这种在地面铺设轨道，列车在地面行驶的线路，通常应用于郊区或者建筑密度较低地区。

> **小知识**
>
> 地面线具有施工速度快，建设周期短，造价低、易维护等优点。但是对地面交通影响较大、占地面积多，影响城市建筑布局。此外，由于处在相对开放空间，不利于行车安全，容易受到天气等外界因素的干扰。

（3）高架线　列车在高架桥上行驶，具有相对封闭的运营环境，占地面积较少，对地面交通影响也不大，建设成本介于地下线路和地面线路之间。一般在一些地下施工困难，地面建筑较多地区采用高架线路。

2. 线路平面及其设计要求

线路平面是指轨道线路在水平面上的投影。线路平面设计主要包括直线、圆曲线、缓和曲线三部分，这三者之间位置关系如图2-4所示。

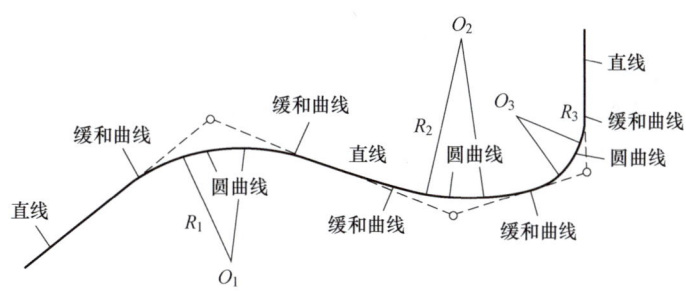

图 2-4　直线、圆曲线、缓和曲线位置关系

（1）**最小曲线半径**　为了保障列车安全运行、提高乘客舒适度、减少轮对和钢轨磨耗，曲线半径选择不应过小。我国的《地铁设计规范》（GB50157—2013）中对最小曲线半径有一定限制要求。该规范中明确规定：线路平面圆曲线半径应根据车辆类型、地形条件、运行速度、环境要求等综合因素比选确定。线路平面的最小圆曲线半径不得小于表 2-1 规定的数值。

表 2-1　圆曲线最小曲线半径　　　　　　　　　　　　　　（单位：m）

车型 线路	A 型车		B 型车	
	一般地段	困难地段	一般地段	困难地段
正线	350	300	300	250
出入线、联络线	250	150	200	150
车场线	150	—	150	—

线路平面曲线半径选择宜适应所在区段的列车运行速度要求。当条件不具备设置满足速度要求的曲线半径时，应按限定的允许未被平衡横向加速度计算通过的最高速度，可按下列要求计算：

1）在正常情况下，允许未被平衡横向加速度为 0.4。当曲线超高为 120mm 时，最高速度限制应按式（2-1）计算，且不应大于列车最高运行速度。

$$v_{0.4} = 3.91\sqrt{R} \tag{2-1}$$

2）在瞬间情况下，允许短时出现未被平衡横向加速度为 0.5。当曲线超高为 120mm 时，瞬间最高速度限制应按式（2-2）计算，且不应大于列车最高运行速度。

$$v_{0.5} = 4.08\sqrt{R} \tag{2-2}$$

3）在车站正线及折返线上，允许未被平衡横向加速度为 0.3。当曲线超高为 15mm 时，最高速度限制应按式（2-3）计算，且分别不应大于车站允许通过速度或道岔侧向允许速度：

$$v_{0.3} = 2.27\sqrt{R} \tag{2-3}$$

车站站台通常设在直线上。如果受条件限制，必须设在曲线上时，其站台有效长度范围的线路曲线最小半径，要符合表 2-2 规定。

表 2-2　最小曲线半径　　　　　　　　　　　　　　（单位：m）

车型		A 型车	B 型车
曲线半径	无站台门	800	600
	设站台门	1500	1000

（2）**圆曲线长度**　虽然设计圆曲线长度短，有利于降低建设成本、改善列车司机瞭望环境、减少行车阻力和维修养护费用。但当其长度比车辆全轴距还小时，车辆将会同时运行在三种不同线型上，将影响列车稳定性和乘客舒适性，甚至可能导致列车脱轨等行车事故发生。根据国家标准《地铁设计规范》（GB 50157—2013）规定：在正线、联络线及车辆基地出入线上，A型车不宜小于25m，B型车不宜小于20m；在困难情况下，不得小于一节车辆的全轴距；车场线不应小于3m。

（3）**缓和曲线**　缓和曲线是连接在直线和圆曲线之间过渡的一段曲线。由于列车在曲线上行驶时，会产生向心力，为了抵消向心力，通常设计曲线外轨超高，甚至轨距加宽。而列车在直线上则无须特殊处理。因此，缓和曲线使列车在直线和圆曲线间行驶时，起到了缓和过渡的作用，提高乘客乘车舒适性，减少了运行事故的发生。

缓和曲线的长度根据运行安全和乘客舒适条件经计算确定，计算公式如式（2-4）所示：

$$L_0 \geq 7hv_{\max} \tag{2-4}$$

式中，L_0为缓和曲线长度（m）；h为曲线超高（mm）；$v_{\max}$为列车运行最高速度（km/h）。缓和曲线最小长度为20m，不短于一节车辆全轴距长。

缓和曲线长度应根据曲线半径、列车通过速度以及曲线超高设置等因素，按相关规定选用。

3. 线路纵断面及其设计要求

线路纵断面是指轨道线路在垂直平面上的投影。主要包括坡段以及相邻坡段间连接的竖曲线两部分。线路纵断面设计主要技术要素有坡长、坡度、连接相邻坡段的竖曲线半径等。

（1）**坡长**　坡长指该坡段两端变坡点之间的水平距离，如图2-5所示。如果坡段长度设计过长，会提高施工作业量，增加建设成本，不经济。若设计长度过短，小于列车长度时，会使列车同时处于多个变坡点，导致列车通过变坡点时产生的附加应力和加速度相互叠加，影响列车运行安全和乘客乘车体验。因此，设计坡长时要结合以上两点综合考虑。

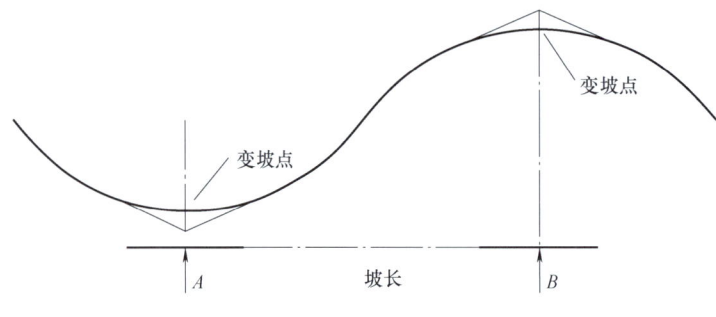

图2-5　坡长示意图

对于坡长最小长度，我国《地铁设计规范》（GB50157—2013）明确规定，线路坡长不宜小于远期列车长度，并应满足相邻竖曲线间的夹直线长度不小于50m的要求。

（2）**坡度**　坡度指该坡段两端变坡点之间的高程差与其水平距离的比值，如图2-6所示。坡度设计时主要是保证列车运行平稳、减少能量损失、满足排水需要等。此外，坡度大小还会影响到线路埋深、施工难度、建设成本等。一般来说，在满足基本要求的前提下，尽可能把线路坡度设计的平缓些。

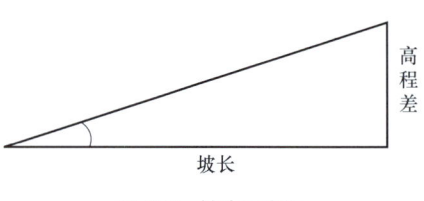

图2-6　坡度示意图

（3）竖曲线　竖曲线是连接相邻坡段的一条曲线，可分为抛物线型和圆曲线两种形式。抛物线型竖曲线其曲率是渐变的，虽然有利于列车平稳运行，但是由于施工难度大、养护较复杂，因此很少采用。圆曲线型相比抛物线型，具有便于铺设、易于养护特点。因此，我国城市轨道交通线路设计时通常采用圆曲线型竖曲线。

《地铁设计规范》（GB50157—2013）中规定，车站站台有效长度内和道岔范围内不得设置竖曲线；两相邻坡段的坡度代数差等于或大于2‰时，应设圆曲线型的竖曲线连接，竖曲线的半径不应小于表2-3的要求。

表2-3　竖曲线半径　　　　　　　　　　　　　　　　（单位：m）

线　　　别		一般情况	困难情况
正线	区　　间	5000	2500
	车站端部	3000	2000
联络线、出入线、车场线		2000	

任务二　城市轨道交通工程施工的认知

任务目标

知识目标
1. 了解城市轨道交通工程施工基本特征。
2. 掌握城市轨道交通建设常用的几种工程施工方法以及优缺点。
3. 了解工程施工安全管理相关内容。

技能目标
1. 具有说出常见的城市轨道交通施工方法的能力。
2. 具有正确佩戴劳保用品的能力。

素养目标
1. 加强规范操作的安全意识。
2. 增强学生爱岗敬业的奉献精神。

知识课堂

一、城市轨道交通工程施工基本特征

（1）地下线路居多　城市轨道交通作为城市公共交通重要组成部分，决定了其线路多在城市内。受城市规划和既有建筑的限制，轨道交通以地下线路居多。如何保证沿线建筑结构安全、减少对既有道路交通影响，是确定施工方案时考虑的重点和难点。

（2）施工影响范围大　城市轨道交通一般都会分区段同时施工，因此往往导致多条路面交通受影响，造成城市交通拥堵。除此之外，城市轨道交通施工还可能会涉及沿线地面建筑拆迁、地下管网迁移等。

（3）运营设备设施复杂　地下线路隧道的建设，除了满足一般隧道所需供电、照明、通风等设施要求外，还要做好火灾报警系统、信号系统、电话系统、监控系统、通信系统等设备设施的规划、安装要求。

（4）防水标准高　城市轨道交通运营配备的设备、仪器、仪表以及电缆较多，因此，必须保持洞内干燥，防止各种设备仪器出现问题。所以，通常城市轨道交通隧道防水标准相比

公路、铁路隧道要高。

二、城市轨道交通工程施工方法

城市轨道交通线路多以地下线路居多，故本任务主要介绍地下线路施工方法。

1. 明挖法

明挖法是指在规划线路的地面上直接开挖基坑，然后在露天基坑中修建隧道主体结构，最后再回填基坑，恢复路面的施工方法。明挖法适用于埋深较浅线路，在地面交通量较小、地下管线较少、地面无建筑物的区域使用较多，如图2-7所示。

> **小知识**
>
> 明挖法的优点：对施工设备要求不高；施工方法简单，技术成熟；施工速度快，可同时分多段作业；建设成本较低。
>
> 明挖法的缺点：阻断地面交通时间较长；施工受外界天气影响较大；施工过程中产生的噪声和振动对周围居民影响较大；对施工范围内的地下管线需要进行迁移。

明挖法是目前世界各国修建地铁时的首选方法，在地面交通和周围环境条件允许情况下通常采用明挖法施工。由于地铁线路多经过城市繁华街区，周围建筑物较多，因此在用明挖法施工时要注意对基坑侧壁的保护，防止出现地面沉降，尽量减少施工对附近建筑物的影响。

2. 盖挖法

盖挖法是指在地面开挖一定深度的基坑后，封闭基坑顶部，然后再在基坑内继续施工，如图2-8所示。根据主体结构施工顺序，可分为盖挖顺作法、盖挖逆作法、盖挖半逆作法。在城市繁忙路段修建地铁时，路面交通不能长时间中断，需要保持一定交通流量时，通常选用盖挖法。

图2-7 明挖法施工

图2-8 盖挖法施工

> **工程实例**
>
> 石家庄地铁朝晖桥站盖挖段位于中山东路与东二环高架桥的交叉位置，沿中山东路东西向布置。该区交通繁忙、商业发达、居民密集，地铁车站的施工对该区的影响极大。本段采用盖挖顺作法施工，在保证路面交通、施工安全、车站功能、工程质量以及施工工期等方面均取得较好的实际效果，盖挖顺作法施工时对周边的环境影响小，获得良好的社会效益。盖挖段一期围挡总长度为65.98m，两块盖挖板，板长22.9m，净宽20m，顶板埋深5m。盖挖段范围内地下管线较密集，主要有污水管，雨水管，燃气、热力、电信管线。最大埋深为4.5m，均位于盖挖板上方。

> 📝 **小知识**
>
> 盖挖法优点：有利于控制施工周围地表沉降和土体变形，减少对邻近建筑物的影响；由于恢复路面较快，对路面交通影响较小；施工过程中，建筑物上部结构和地下基础可同时进行，可有效缩短工期。
>
> 盖挖法缺点：盖挖法施工时，混凝土内衬的水平施工缝的处理较困难；盖挖逆作法施工时，暗挖环节对施工技术要求较高。

3. 盾构法

盾构法是指通过使用盾构机进行隧道建设的一种施工方法。具体过程：首先要在隧道始端和终端各开挖一竖井，盾构机在竖井内安装完成后，沿着预定好的方向开始向前推进，在推进过程中完成隧道的开挖、衬砌等环节，到达终端后通过竖井进行拆解，如图2-9所示。

图2-9 盾构机

> 📝 **小知识**
>
> 盾构法优点：隧道开挖和衬砌同时进行，施工速度快；机械化程度高，施工人员劳动强度低；不受外界气候环境影响，施工过程中产生的噪声、振动对周围居民影响很小；不影响地面交通等。
>
> 盾构法缺点：盾构机设备昂贵，当施工线路较短时不经济；在线路曲线半径过小时，施工难度较大；对隧道覆土厚度有一定要求，覆土太浅易造成施工困难，甚至不能施工；盾构机操作人员工作环境较差。

4. 沉管法

沉管法又称预制管段沉埋法，是修筑穿越湖泊、江河、海峡的水底隧道时的一种施工方法。首先用钢筋混凝土预制好若干管道，然后管道运到隧道设计位置后，使其下沉至预先挖好的水底沟槽内。管段逐节沉放，并用水力压接法将相邻管段连接，使各节管段连通成为整体的隧道。施工中要注意用块石覆盖隧道顶部和外侧，以提高隧道安全性。

> 📝 **小知识**
>
> 沉管法优点：施工简单，对地质水文条件要求少；防水性能好，可靠度较高；施工成本低，工期较短等。
>
> 沉管法缺点：管段混凝土制作工艺要求严格；车道较多时，要增加沉管隧道高度，导致工程量增加。

三、施工安全管理

（1）**建立安全管理制度** 施工安全管理中必须坚持"安全第一，预防为主，综合治理"

的方针，建立安全管理制度。通过安全制度的建立，明确施工人员工作流程，操作规范，并定期进行安全检查。

（2）加强施工人员安全教育　做好三级安全教育，即公司级安全教育、部门级安全教育和班组级安全教育。此外，还要不定期开展各种形式安全教育活动，强化施工人员安全意识。

（3）加强施工现场安全防护　施工单位要为施工人员提供必要的劳保用品，并要求其规范佩戴。施工过程中要做好安全防护措施，尽量减少影响施工安全的因素，降低出现安全事故的概率。

> **扩展阅读**
>
> 　　如今某城市地铁二、三号线工程正在进行中，在每个施工点都会看到几个斜跨小绿包的人，早出晚归，每天都很忙碌，他们就是工地上的安全员。发现绑定位筋的工人没按照要求挂安全带，安全员×××赶忙上去纠正。帮这名工人挂完安全带，×××又继续查看其他工人的佩带情况。每天，他要这样在地铁站里待8h，其中有5h是站着的，还要来回走动。
>
> 　　在地铁施工初期，特别是爆破后，×××每次都会跟着爆破员，带着防毒面具下去测量空气浓度，确认安全后，再让工人下去。如今×××站已开挖完毕，工地的路比以前平整了，×××也轻松了许多，不过他每天还得背着包到处走。
>
> 　　安全员×××刚开始对这份工作很头疼，不会处理和工人的关系。不过接触多了，他的耐心和细心，也赢得了三十多名工人的认可和尊重。

项目三

城市轨道交通线路与车站的认知

 学习导入

城市轨道交通系统的线路和车站是轨道交通系统中重要的组成部分。城市轨道交通系统的线路按其在运营中的作用,可分为正线、辅助线和车场线。城市轨道交通车站是供列车停靠、旅客乘降、客流集散的重要场所,是出行的出发、换乘与终止点。本项目介绍城市轨道交通线路和车站的基本内容。

任务一　城市轨道交通线路的认知

任务目标

知识目标
1. 掌握城市轨道交通线路的分类。
2. 掌握城市轨道交通的轨道结构。

技能目标
1. 具有辨别不同种类的城市轨道交通线路的能力。
2. 具有辨别城市轨道交通的轨道组成部件的能力。

素养目标
1. 培养学生的服务意识和安全意识。
2. 培养学生的创新意识。

 知识课堂

一、城市轨道交通线路的分类

城市轨道交通线路按其在运营中的作用,可分为正线、辅助线和车场线。图3-1为城市轨道交通线路的整体布置图。

1. 正线

贯穿所有车站、区间供载客列车日常运行的线路,称为正线。城市轨道交通系统的正线均采用上下行分行,一般实行右侧行车制。

扫一扫

正线

2. 辅助线

辅助线是为保证正线运营而配置的线路，比如为列车提供折返、停车、检查、转线及出入段作业的线路。辅助线包括折返线、渡线、联络线、出入段线、临时停车线等。

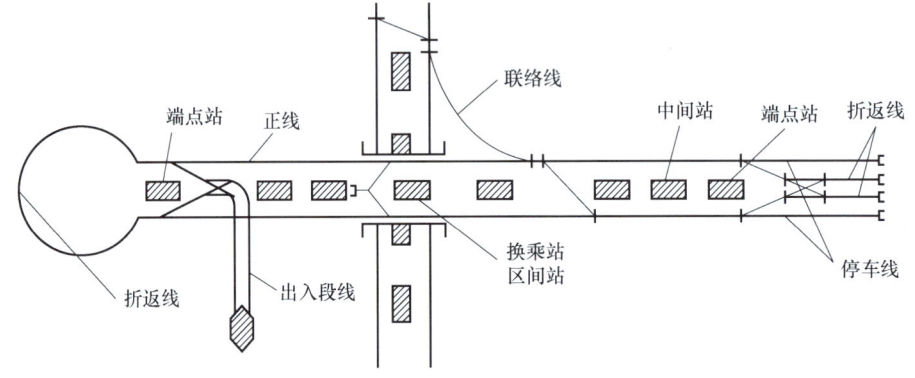

图 3-1　城市轨道交通线路的整体布置图

（1）折返线　折返线是在终点站或中间站以方便列车调头、转线及存车等的线路。

常见折返线的布置形式有单线尽端式折返线、双线尽端式折返线、渡线站前折返线、渡线站后折返线、侧向折返线、综合折返线和环线折返线等，如图 3-2 所示。

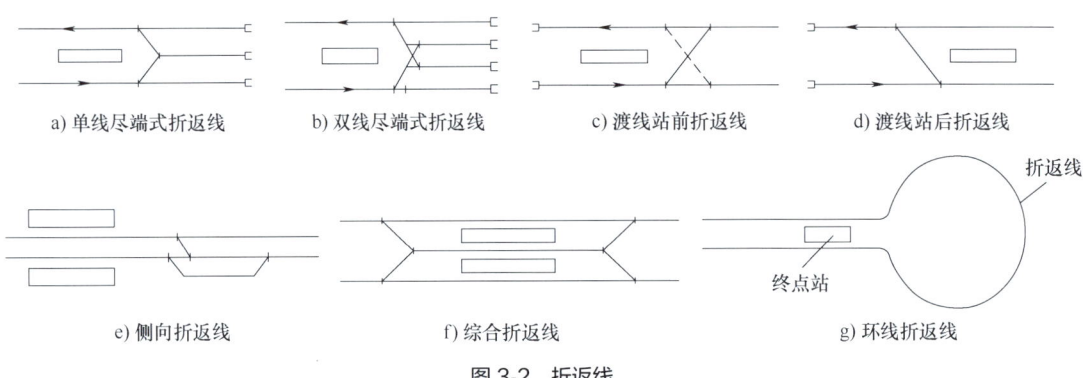

图 3-2　折返线

（2）渡线　在上下行正线之间（或其他平行线路之间）设置的连接线为渡线，通过一组联动道岔达到转线目的。渡线有单渡线和交叉渡线两种，如图 3-3 所示。

（3）联络线　联络线是城市轨道交通各线路之间为调动列车等作业而设置的连接线路，如图 3-4 所示。

（4）临时停车线　列车在运行过程中难免会出现故障，当故障对高密度、高速度的列车运行产生影响，或对乘客的安全和舒适度不利时，故障列车就要被安排下线就近进入临时停车线，或送回临近维修基地进行检查和修理，为了不影响后续列车运行，设计上应能使故障列车及时退出运营正线，如图 3-5 所示。

项目三 城市轨道交通线路与车站的认知 43

a) 单渡线

b) 交叉渡线

图 3-3 渡线

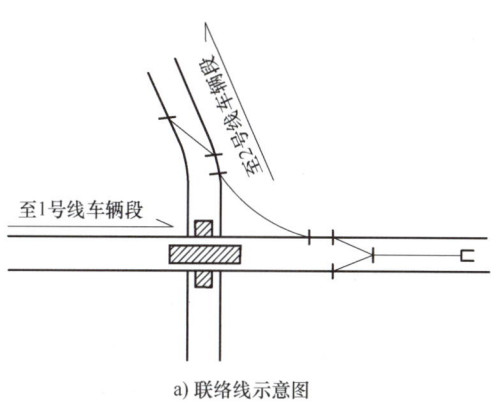
a) 联络线示意图

b) 实际联络线

图 3-4 联络线

（5）出入段线　出入段线是车辆段与正线联系的线路，专供列车进出车辆段。一般分入段线和出段线，如图 3-6 所示。

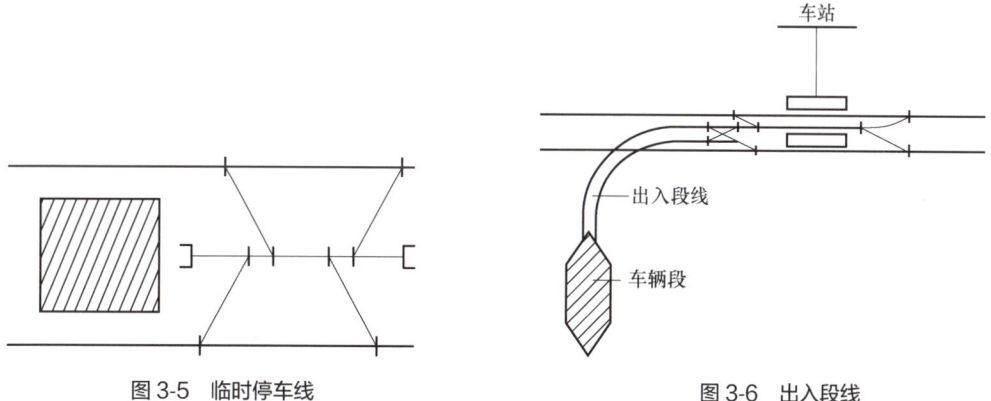

图 3-5 临时停车线　　　　　图 3-6 出入段线

3. 车场线

当一条线路长度超过 20km 时，在适当位置应增设停车场，车场线为停车场区作业线路。车场中主要有：

（1）停车线　停车线又叫存车线，是场内作业停放列车的线路，如图 3-7 所示。

（2）检修线　检修线是设置在车辆检修库内专门用于检修列车的线路，设有地沟，配有架车设备、检修设备，如图 3-8 所示。

图3-7 停车线

图3-8 检修线

（3）试验线　试验线是设置在车辆基地用于对检修完毕的列车进行状态检测的线路。试验线的各组成设备与正线保持一致。为达到必要的运行速度，试验线需要有一定长度标准和平纵断面特点，如图3-9所示。

（4）镟轮线　镟轮线设置在车辆段，是用于对车轮进行修圆作业的设备线路。

（5）洗车线　洗车线是专门用于清洗车辆的作业线，包括室内洗车线与室外洗车线两种，如图3-10所示。

图3-9 试验线

图3-10 洗车线

二、城市轨道交通的轨道结构

轨道是列车运行的基础，其作用是引导列车运行，直接承受车轮的动压力，并传到路基、桥梁和隧道等基础结构上。轨道一般由钢轨、轨枕、道床、联结零部件、道岔和防爬设备等部件组成，如图3-11所示。

1. 钢轨

钢轨是轨道结构的主要部件。它与列车车轮直接接触，具有以下几方面的功能：

1）为车轮提供连续、平顺和阻力最小的滚动表面，并引导车辆前进。

2）承受来自车轮的垂直、水平横向和纵向的作用力。

3）在电气化线路上，作为供电系统的回流线路及信号系统的轨道电路的载体。

（1）钢轨的断面形状　为了使钢轨具有最佳的抗弯性能，钢轨的断面形状采用"工"字形，由轨头、轨腰和轨底组成，如图3-12所示。

（2）钢轨的类型　在我国，钢轨的类型或强度以每米长度的大致质量（kg/m）表示，现行的标准钢轨类型有：75kg/m、60kg/m、50kg/m、43kg/m及38kg/m。

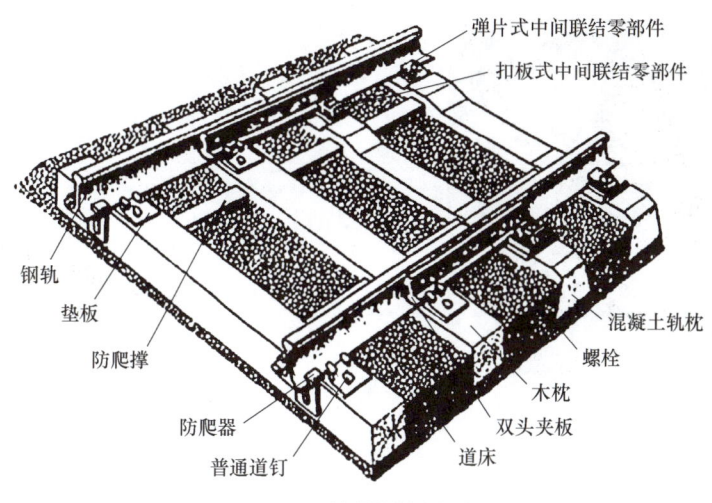

图 3-11 轨道的基本组成

(3) 钢轨长度和轨缝

1) 钢轨长度。目前我国钢轨的标准长度有 12.5m、25m、50m 三种。有比 12.5m 钢轨短 40mm、80mm、120mm 的三种；有比 25m 钢轨短 40mm、80mm、160mm 的三种。

2) 轨缝。普通线路上铺设的钢轨一般为标准长度的钢轨，并将其逐根连接。为便于钢轨的热胀，施工时应在钢轨接头处预留适当的缝隙，这一缝隙称之为轨缝。

图 3-12 钢轨的断面形状

2. 轨枕

轨枕是轨道的基础部件，其作用是支承钢轨，并将钢轨传来的压力传递给道床，同时有效地保持钢轨的位置方向和轨距。轨枕应具有必要的坚固性、弹性和耐久性，并且造价低、制作简单、铺设及养护方便。轨枕按制作材料分，主要有混凝土枕和木枕两种，如图 3-13 所示。

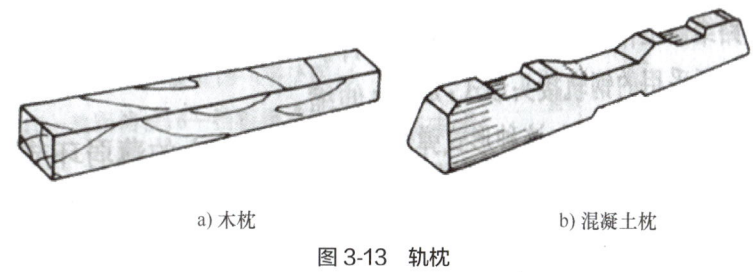

a) 木枕　　　　　　b) 混凝土枕

图 3-13 轨枕

(1) 木枕　木枕的优点是富于弹性，便于加工、运输和维修，电绝缘性能好，与道砟间摩擦系数大，如图 3-14 所示。但缺点是木材缺乏，价格贵，易腐朽，寿命短，不同种类轨枕弹性可能不一致。

(2) 混凝土枕　我国城市轨道交通线路采用的混凝土枕，混凝土枕实景如图 3-15 所示。我国城市轨道交通所使用的主要是预应力混凝土枕，具有以下优点：

1) 纵、横向阻力较大，提高了线路的稳定性，可以满足城市轨道交通对线路的要求。

2) 铺设高弹性垫层可以保证有比较均匀的弹性。

3) 使用寿命长，可以降低轨道每年的修理费用。

图 3-14 木枕

图 3-15 混凝土枕

3. 道床

道床是铺设在路基面上的石砟（道砟）垫层，主要作用是支承轨枕，把从轨枕上部的压力均匀地传递给路基；并固定轨枕的位置，阻止轨枕纵向或横向移动；缓和机车车辆轮对对钢轨的冲击；调整线路的平面和纵断面。

（1）碎石道床　碎石道床是指用碎石、卵石或砂等道砟材料组成的轨道基础，用以将轨枕的荷载均匀地传布到路基上，以及防止轨枕的纵向和横向移动。

（2）整体道床　用整体浇筑混凝土取代传统的道床，即为整体道床，也称为无砟轨道，如图3-16所示。

地铁隧道普遍采用整体道床，整体道床的整体性强、稳定性好、轨道几何形位易于保持、有利于铺设无缝线路及高速行车，同时轨道变形小，减小了维修工作量。除此之外还减少隧道开挖面积，增加隧道或桥梁净空，整洁美观，坚固耐用。但是也有很多缺点，比如工程投资费用高、要求施工精度高、施工使用特殊的施工方法、使用特殊的扣件和垫层、整治病害困难。

道床

图 3-16 整体道床

4. 联结零部件

（1）中间联结零部件　中间联结零部件（又称中间扣件）的作用是将钢轨紧扣在轨枕上，并保持其稳固位置，防止钢轨作相对于轨枕的纵、横向移动。

中间联结零部件因轨枕的不同，有木枕扣件和混凝土扣件两类。

① 木枕扣件。木枕扣件主要包括道钉和垫板。其连接方式是先用道钉将垫板与木枕扣紧，再另用道钉将钢轨、垫板与木枕一同钉联在一起，如图3-17所示。在钢轨与木枕面之间置有垫板，其目的在于增加木枕与轨底的接触面积，使木枕经久耐用。

② 混凝土枕扣件。混凝土枕扣件按其结构分为扣板式、拱形弹片式和 ω 形弹条式三种，如图3-18和图3-19所示。

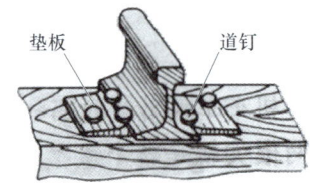

图 3-17 木枕扣件

其中扣板式、拱形弹片式扣件主要配置于20世纪六七十年代的老型混凝土枕，现在使用不多，正线上已经淘汰。ω 型弹条式扣件分为Ⅰ、Ⅱ、Ⅲ三种类型。Ⅰ、Ⅱ型弹条式扣件是有挡肩、有螺栓扣件，Ⅲ型弹条式扣件是无螺栓、无挡肩扣件。

项目三 城市轨道交通线路与车站的认知

图3-18 扣板式扣件

图3-19 ω形弹条式扣件实物图

（2）接头联结零部件 接头联结零部件是用来连接钢轨与钢轨之间的接头，包括夹板、螺栓、螺帽和弹性垫圈等，用于把钢轨连接成一个整体。连接时，先用两块鱼尾板夹住钢轨，然后用螺栓拧紧，如图3-20所示。

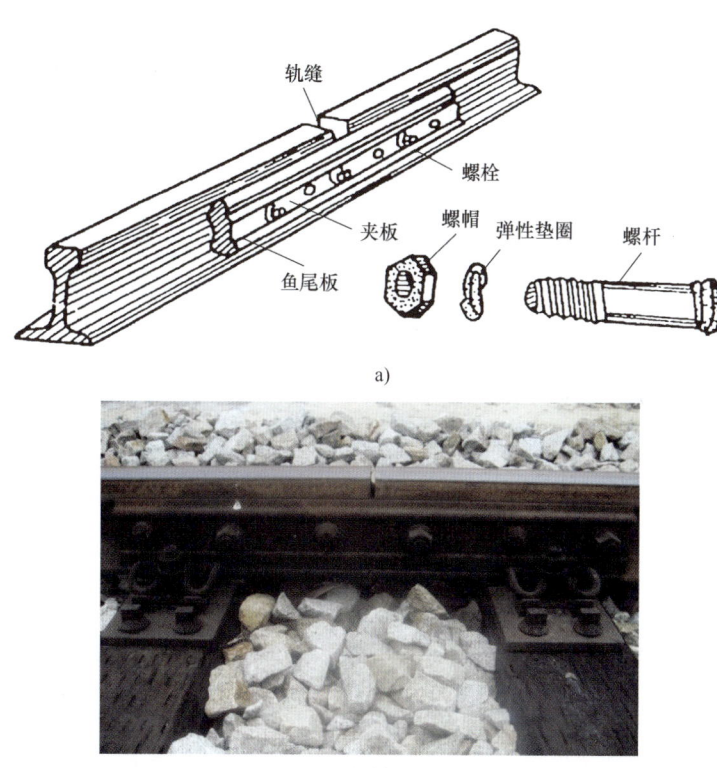

图3-20 接头联结零部件

5. 道岔

道岔是一种使车辆能从一条线路转往或越过另一条线路的连接设备，通常铺设在车站内，是轨道的一个重要组成部分。

道岔种类很多，常见的有单开道岔、单式对称道岔、三开道岔、交分道岔、交叉设备等。各种类型道岔中，城市轨道交通用得最多的是单开道岔，其数量占各类道岔总数的90%以上。

扫一扫

道岔

单开道岔是最简单、最常用的一种道岔。普通的单开道岔主要由转辙器部分、连接部分、辙叉及护轨部分组成,如图3-21所示。单开道岔有左开和右开道岔之分。站在转辙器部分,面向尖轨,若侧线从主线左侧岔出即为左开道岔;若侧线从主线右侧岔出即为右开道岔。

① 转辙器部分。转辙器部分由两根尖轨、两根基本轨、各种联接零部件和转辙机械组成。尖轨是转辙器的主要部件,通过连接杆与转辙机械相连,操纵转辙机械可以改变尖轨的位置引导列车进入不同的方向。

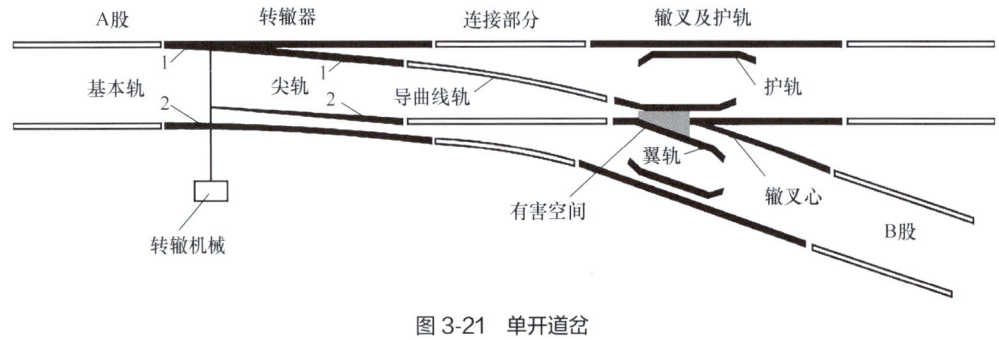

图3-21 单开道岔

② 辙叉及护轨部分。辙叉由叉心、翼轨、连接零部件组成。在叉心尖端轨线中断,产生有害空间。车轮由一股钢轨越过另一股钢轨还需在辙叉范围的两侧钢轨处设置护轮轨,以引导车轮进入应走的轨道,防止车轮与叉心碰撞,并顺利通过有害空间。

③ 连接部分。道岔连接部分是转辙器与辙叉间的连接线路,分直股和曲股连接线,其结构和线路基本相同,曲股线路一般采用圆曲线,由于长度短,一般不设超高。

> **扩展阅读**
>
> 地铁钢轨每天经过上百列电客车碾压,其轨道几何尺寸会发生"润物细无声"般的变化。线路检修工通过使用轨道检查仪检测和手工复核检查的方法,严格按照线路几何尺寸检测周期对轨道进行"体检",不放过每一寸钢轨和每一个超限参数的可疑之处。
>
> 凌晨12点10分,在进入隧道前,某地铁综合工班班长×××将所有人携带的物品进行清点,并一一记录在本子上。这是每次作业前后必经的程序,目的是防止随身物品遗留在线路上,给行车带来安全隐患。
>
> 来回7km的路程,白天地铁列车7min之内就能走完,晚上轨道检修工徒步检查、检测、钢轨探伤等要走上3个多小时。幽邃的隧道内闷热潮湿,检修工人们也湿透了衣服。时间不知不觉到了凌晨4点,检测工作结束,工人们还要负责分析校核数据,评定轨道质量,书写检测报告。他们必须在办公室等待首班车运行完毕,确保安全才能回去休息。
>
> 检修工甘于辛苦,乐观坚持。对他们来说,工作中最难忘的不是惊天动地的大事,而是每天确保行车安全的踏实和深厚温暖的同伴情谊。

任务二　城市轨道交通车站的认知

任务目标

知识目标
1. 掌握城市轨道交通车站的分类和组成。
2. 理解城市轨道交通车站的文化。

技能目标
1. 具有辨别不同种类的城市轨道交通车站的能力。
2. 具有指出城市轨道交通车站不同空间的功能的能力。

素养目标
培养学生的服务意识和思辨能力。

知识课堂

城市轨道交通车站是客流的节点，是乘客出行的基地，乘客上下车以及相关的作业都是在车站进行的，也是列车到发、通过、折返、临时停车的地点。车站是城市轨道交通线路的电气设备、信号设备、控制设备等集中的场所，也是运营、管理人员工作的场所。

一、城市轨道交通车站的分类

1. 按车站所处位置分

按车站所处位置分，可分为地下车站、地面车站和高架车站，如图3-22所示。

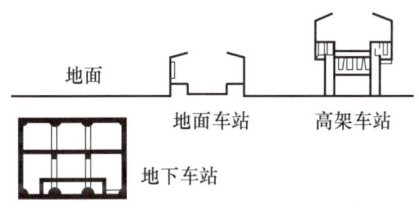

图3-22　城市轨道交通车站示意图

车站的分类

（1）**地下车站**　地下车站指位于地面以下的车站，如图3-23所示。受地面建筑群的影响，轨道交通线路设置于地下，其车站也随之设置于地下，主要为节省地面空间。一般由地面出入口、地下站厅及地下站台组成。地下车站中站厅站台不同层的车站较为常见。

根据其埋深，又可分为：浅埋车站和深埋车站两种。浅埋车站，采用明挖法或盖挖法施工，线路轨道面至地表距离在20m以内；深埋车站，采用暗挖法施工，线路轨道面至地表距离在20m以上。在造价方面比较，埋深越大的车站，造价越高。

图3-23　地下车站

（2）**地面车站**　地面车站指和地面连接的车站，如图3-24所示。由于占用地面空间，最容易造成轨道交通线路所经过的地面区域分割，所以，一般在城乡接合部采用此类型的车站，它最大的优点是造价很低。

（3）高架车站　高架车站指位于地面以上的车站，如图 3-25 所示。高架车站是城市轨道交通线路架空，置于高架桥梁的桥面的车站。除了线路和站台架空在地面上以外，站厅、办公用房、生产用房等通常设在地面上，一般位于线路和站台的下层，在结构上比较简单，造价大大低于地下车站。

图 3-24　地面车站

2. 按车站运营性质分

（1）中间站（即一般站）　中间站功能单一，一般只供乘客乘降用。少数中间站还设有临时停车线，以便在列车故障时能快速有效地进行列车调整，尽快恢复正常的列车运行秩序。城市轨道交通路网中的车站大多属于中间站。

（2）区域站　区域站是设在两种不同行车密度交界处的车站。站内有折返线和设备，区域站兼有中间站的功能。

图 3-25　高架车站

（3）换乘站　换乘站在城市轨道交通线网中起着重要作用，是位于两条及两条以上线路交叉点上的车站。除供乘客乘降外，还供乘客由一条线路的列车换乘到另一条线路的列车上去。在设计换乘站时，应尽可能将换乘客流和到发客流分开。

（4）终点站　终点站是设在线路两端的车站，终点站也是起点站（或称始发站），除了供乘客上、下车外，还用于列车折返及停留，因此终点站一般设有多股停车线。

3. 按站台形式分

按站台形式可分为岛式站台车站、侧式站台车站和岛、侧混合式站台车站，如图 3-26 所示。

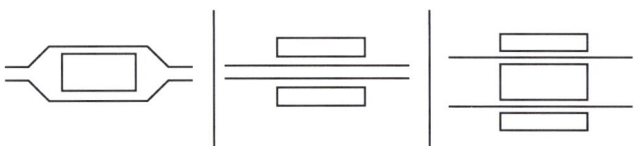

图 3-26　车站站台形式分类示意图

（1）岛式站台车站　站台位于上、下行行车线路之间，这种站台布置形式称为岛式站台。具有岛式站台的车站称为岛式站台车站。岛式站台车站是常用的一种车站形式，具有站台面积利用率高、能调剂客流、乘客中途改变乘车方向方便、车站管理集中、站台空间宽阔等优点，因此，一般用于客流量较大的车站，如图 3-27 所示。

（2）侧式站台车站　站台位于上、下行车线路的两侧，这种站台布置形式称为侧式站台。具有侧式站台的车站称为侧式站台车站。侧式站台车站站上、下行乘客可避免相互干扰，正线和站线间不设喇叭口，造价低，改建容易，但是，站台面积利用率低，不可调剂客流，中途改变方向须经过地道或天桥，车站管理分散，站台空间不及岛式站台宽阔。因此，侧式站台多用于两个方向客流量较均匀（或流量不大）的车站及高架车站，如图 3-28 所示。

图 3-27　岛式站台

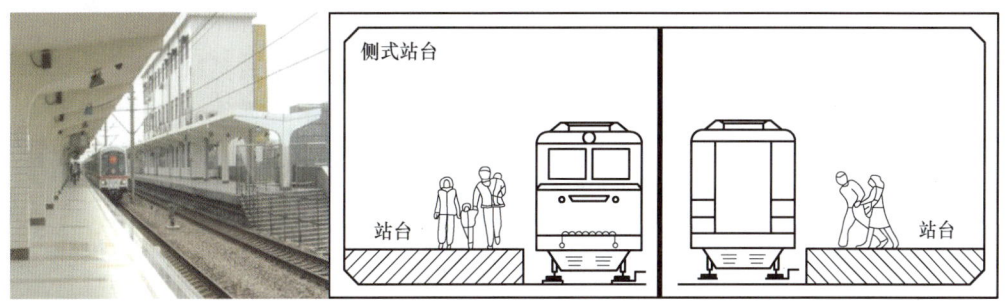

图 3-28　侧式站台

（3）岛、侧混合式站台车站　将岛式站台及侧式站台同设在一个车站内，具有这种站台形式的车站称为岛、侧混合式站台车站。岛、侧混合式站台车站主要用于两侧站台换乘或列车折返，可布置成一岛一侧式或一岛两侧式，如图 3-29 所示。

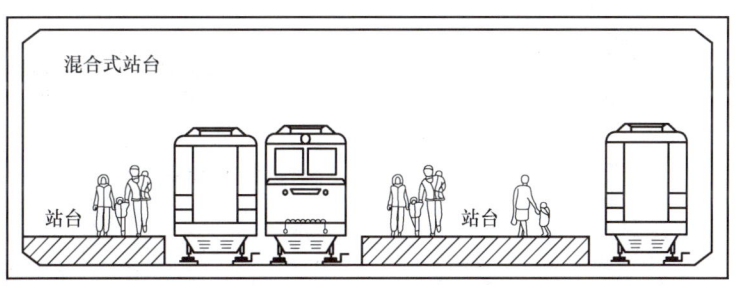

图 3-29　岛、侧混合式站台

4. 按车站规模分

车站规模主要指车站外形尺寸大小、层数及站房面积多少。

车站规模主要根据本站远期预测高峰小时客流量、所处的位置的重要性、站内设备和管理用房面积、列车编组长度及该地区远期发展规划等因素综合考虑确定。其中客流量大小是一个重要因素。

车站规模一般分为 3 个等级。在大城市中，车站规模按 3 个等级设置；在中等城市中，其规模可以设为两个等级。客流量特别大，有特殊要求的车站，其规模等级可列为特级站。车站等级是车站设置相应机构和配备定员的基本依据之一。车站规模等级及适用范围见表 3-1。

表 3-1　车站规模等级及适用范围

规模等级	客流量/人	适 用 范 围
特等站	>5万	客流量特别大，有特殊要求的车站
一等站	3万~5万	适用于客流量大，地处市中心区的大型商贸中心、大型交通枢纽中心、大型集会广场、大型工业区及位置重要的政治中心地区
二等站	1.5万~3万	适用于客流量较大，地处较繁华的商业区、中型交通枢纽中心、大中型文体中心、大型公园及游乐场、较大的居住区及工业区
三等站	<1.5万	适用于客流量小，地处郊区的车站

5. 按乘客换乘方式分

（1）**站台直接换乘**　乘客在站台通过楼梯、自动扶梯等换乘到另一车站的站台。这种换乘方式线路短，换乘高度小，换乘时间短，换乘方便。

（2）**站厅换乘**　乘客由某车站站台经楼梯、自动扶梯到达另一车站站厅付费区，再经楼梯、自动扶梯到达站台。这种换乘方式线路较长，换乘高度较大，换乘时间较长。

（3）**通道换乘**　两个车站不直接相交，相互之间可采用单独设置的换乘通道进行换乘。这种换乘方式线路较长，又费时，对老弱孕残幼多有不便，且通道长，投资大。

6. 按是否具有站控功能分

城市轨道交通车站按是否具有站控功能可分为集中站和非集中站。

集中站通常为有道岔的车站，具有站控功能。集中站车站值班员根据调度命令，可监控集中站管辖线路上的列车运行，执行扣车与催发车等列车运行调整措施。非集中站通常为既无道岔，又无列车监控功能的车站。

7. 按车站结构横断面形式分类

按车站结构横断面形式可分为矩形断面、拱形断面、圆形断面、马蹄形断面、其他类型断面等，如图 3-30~图 3-33 所示。

图 3-30　矩形断面车站

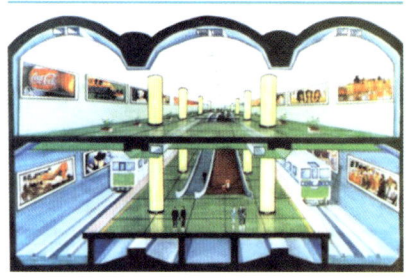

图 3-31　拱形断面车站

图 3-32　圆形断面车站

图 3-33　马蹄形断面车站

二、城市轨道交通车站的组成

按照车站建筑的空间位置，车站一般包括出入口及通道、车站主体、通风道及风亭（地下）和其他附属建筑物，如图 3-34 所示。

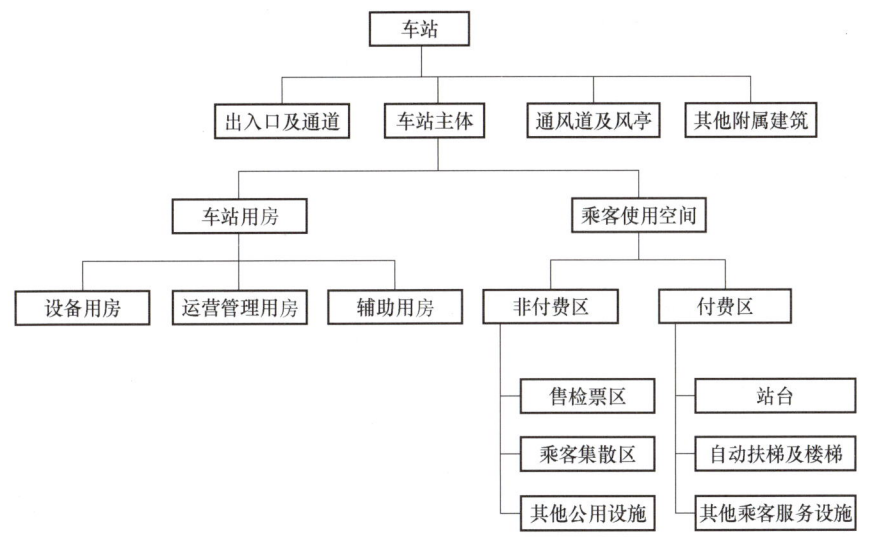

图 3-34　车站建筑设施构成示意图

1. 出入口及通道

出入口及通道是供乘客进、出车站的建筑设施。

出入口用于吸引和疏解客流，其规模与出入口的总设计乘客流量有关。出入口一般布置在街道交叉口，以便能大范围地吸引和疏解客流，如图 3-35 所示。

车站通道是连接车站出入口和站厅或站内各层之间的纽带，主要由楼梯、自动扶梯、步行道及无障碍通道构成，如图 3-36 所示。

图 3-35　地铁出入口

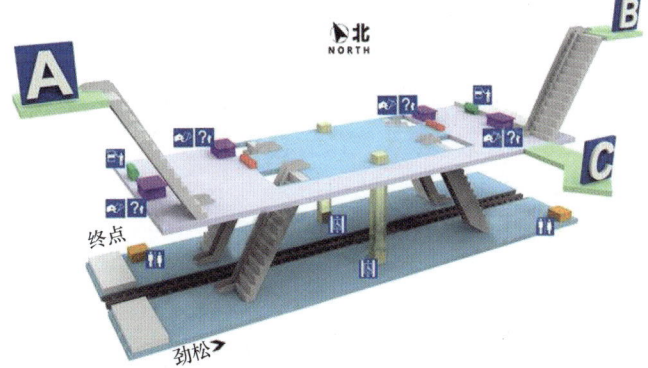

图 3-36　车站通道

2. 车站主体

车站主体是列车的停车点，它不仅是供乘客上下车、集散和候车的地方，也是办理运营业务和设置运营设备的地方。

车站主体根据功能的不同，又可分为乘客使用空间和车站用房两部分。

（1）乘客使用空间　乘客使用空间又可分为非付费区和付费区。

① 非付费区。非付费区是乘客购票未正式进入站台前的流动区域。一般有较宽敞的空间，根据需要可设售检票设施、楼梯、银行、公用电话、小卖部等。

② 付费区。付费区包括站台、楼梯、自动扶梯、导向标识等设施。

（2）车站用房　车站用房包括设备用房、运营管理用房和辅助用房三部分。

① 设备用房。设备用房是安置各类设备、进行日常维护及保养设备的场所，主要分为票务维修室、通信电源室、信号机械室、环控配电室、照明配电室、低压配电室、蓄电池室、环控机房、气瓶间、污水泵房、混合风室、风机房、电缆井、站台门控制室、电梯机房、变电所控制室、动力变压器室、变电所储藏室、变电所检修室、高压开关柜室等。通信电源室如图3-37所示。

设备用房是整个车站运营的心脏所在，由于这些用房多用于摆放系统设备，与乘客没有直接关系，所以一般设置在远离乘客活动区域，工作人员也不长时间停留。

② 运营管理用房。运营管理用房是为保证车站具有正常运营条件和营业秩序而设置的办公用房，由进行日常工作和管理的部门及人员使用，是直接或间接为列车运行和乘客服务的，包括车站控制室（简称车控室）、站长室、站务室、广播室、票务室、售票亭、会议室及警务办公室等。

车控室是车站运营和管理的中心，通常设置在站厅层，地坪较高，便于对站厅层售票、检票、楼梯和自动扶梯口等客流较多的部位进行监视，如图3-38所示。

图3-37　通信电源室

图3-38　车控室

票务室是车站票务工作的心脏，是现金、车票、票务物资的集散地。

③ 辅助用房。辅助用房是为车站内部工作人员的正常生活所设置的用房，主要有更衣室、休息室、医务室、茶水间、卫生间、备品库、垃圾间、清扫工具间及站台监视厅等。

3. 通风道及风亭

地下车站需要考虑通风道及风亭，其作用是保证车站有一个舒适的地下环境。车站是乘客非常集中的地方，尤其是地下车站，由于人流密集，环境相对封闭，造成车站环境空气很容易污浊。为保证乘客及车站工作人员身体健康，地下车站都设置了环控系统，可以为车站不间断地进行空气置换，以满足车站空气清新的要求，因此要设置相应的通风道和风亭以进行通风换气。地铁风亭如图3-39和图3-40所示。

图 3-39　方形地铁风亭

图 3-40　圆形地铁风亭

三、车站的艺术气息

随着城市的不断扩大，居民需要花费在出行上的时间越来越长。作为大城市公共交通运输系统中骨干地位的城市轨道交通系统是绝大多数居民首选的交通工具。但城市轨道交通车站往往受到各种资源和建设成本的限制，车站在满足实用功能的前提下，车站规模越小越好。

车站有限的空间内如何让乘客不感到压抑？地下车站，完全靠人工采光，如何让乘客与现实社会相沟通？如何让人在地下空间中不感到乏味、单调？这是地下车站建设、运营管理中需要考虑的方面。

越来越多的城市采用文化和艺术手法来装饰车站，如通过镀金壁画将车站装饰得金碧辉煌的北京雍和宫地铁站；拥有华丽的复古欧式水晶顶灯和雕刻精致艺术墙的天津津湾广场站；采用"森林"主题涂鸦，给人以童话世界幻觉的重庆小龙坎地铁站；以我国传统中医文化为出发点，彰显中医附院站的古色古韵的成都中医大省医院站；乘客仿佛置身于波光粼粼的海面上的广州南沙客运港站；粉红色的墙面、空中"漂浮"的白云、楼梯上的情话，颇具少女心的昆明春融街地铁站 A 口等，车站已成为一个集交通、商业和艺术为一体的"地下世界"，如图 3-41～图 3-46 所示。

图 3-41　北京雍和宫站

图 3-42　天津津湾广场站

图 3-43　重庆小龙坎站

图 3-44　成都中医大省医院站

图 3-45　广州南沙客运港站

图 3-46　昆明春融街站 A 口

项目四

城市轨道交通车辆的认知

学习导入

城市轨道交通车辆是城市轨道交通系统中最为关键和重要的设备，作为运输乘客的重要载体，满足了城市公共交通客流量大、安全、舒适、快速、美观、节能和环保等要求。但由于车辆设计及制造技术背景不同、运用环境及区域经济发展不同，城市轨道交通车辆的结构、编组形式和性能存在差异。本项目主要介绍城市轨道交通车辆的类型、编组、组成和车辆停放及检修基地的内容。

任务一 城市轨道交通车辆类型和编组的认知

任务目标

知识目标
1. 掌握城市轨道交通车辆的基本类型。
2. 理解城市轨道交通车辆的编组。

技能目标
具有辨别不同类型的城市轨道交通车辆的能力。

素养目标
通过学习城市轨道交通车辆的特点和分类，增强学生的创新意识。

知识课堂

一、城市轨道交通车辆概述

1. 城市轨道交通车辆的含义

城市轨道交通车辆是指城市交通运输系统中，在固定轨道上行驶，由电力牵引用于搭载乘客的一种运输工具。

2. 城市轨道交通车辆的特点

不同城市、不同制造厂的城市轨道交通车辆有其不同的技术特点，但车辆总体技术都在朝着轻量化、安全可靠性高、载客能力强、

扫一扫

车辆的特点

牵引性能好、舒适、绿色等方向发展。其基本特点如下：

1）城市轨道交通车辆作为城市公共交通工具，主要在市区和市郊运行。车辆运行时的安全性能、噪声、振动和防火均有严格要求。

2）城市轨道交通系统采用全封闭线路，双向单线运行，运行密度大，对车辆运行的可靠性要求较高，所以对于重要的系统部件均有冗余设置。

3）城市轨道交通车辆若在运营中发生故障，要能使列车凭自身动力就近存车以便及时疏通线路。

4）车辆朝轻量化方向发展，采用大断面铝合金型材或不锈钢焊接车体的整体承载结构，最大限度地减少车辆自重。

5）车辆上电气系统的设备、开关除必须安装在驾驶室和客室的电气设备柜内，其他电气设备均分散安装在车底，空调机组安装在车顶，不占用客室空间。

6）车辆间采用封闭式全贯通通道，便于乘客走动及均匀分布。采用密接式车钩进行机械、电气、气路的贯通连接。

7）为了在列车停站时能在尽可能短的时间内完成大量的上下客流交换，车门数量比较多，每节车厢单侧门数量有 3~5 个。

二、城市轨道交通车辆的分类

1. 城市轨道交通车辆的选型

城市轨道交通车辆是技术含量高度集中的机电设备，是整个城市轨道交通系统中关键的设备，其选型和技术参数不仅是确定线路技术标准的基础，也是确定系统运营管理模式和维修方式的基本条件，而且还是系统设备选型和确定设备规模的重要依据。各城市的城市轨道交通车辆的结构和性能不尽相同，这与很多因素有关，除车辆提供商的技术背景和设计时考虑问题的角度有所不同外，还与当时的城市轨道交通车辆发展水平及城市运用环境等有密切的关系，其出发点都是尽可能结合城市各自的特点，满足城市交通客流量大、安全、快速、舒适、美观、节能和环保的要求，具有先进性、可靠性和实用性等特点。

2. 城市轨道交通车辆的分类

城市轨道交通车辆根据不同的划分标准，可划分为若干类型。

（1）按车辆规格分　可分为重型车辆（轴重较重、载客量多、车体较大），如图 4-1 所示；轻型车辆（轴重较轻、载客量少、车体较小），如图 4-2 所示。

图 4-1　重型车辆

图 4-2　轻型车辆

（2）按车体轮廓尺寸分　可分为 A 型车辆（车体宽 3m）；B 型车辆（车体宽 2.8m）；C 型车辆（车体宽 2.6m），三种车型车体高均为 3.8m。

（3）按车辆制作材料分　可分为钢骨架车辆（车体受力部分采用钢材料制作而成）；合金材料车辆（车体采用铝合金、钛合金等合金材料制作而成）。

（4）按受电器不同分　可分为受电弓车辆（直流 1500V 电压，架空网供电），如图 4-3 所示；受电靴车辆（直流 750V 或直流 1500V 电压，第三轨供电），如图 4-4 所示。

图 4-3　受电弓车辆

图 4-4　受电靴车辆

（5）按车辆连接结构不同分　可分为贯通式车辆（全列车载客部分贯通），如图 4-5 所示；非贯通式车辆（车辆与车辆间通道封闭），如图 4-6 所示。

图 4-5　贯通式车辆

图 4-6　非贯通式车辆

三、城市轨道交通车辆的编组

按照运营需求，将各独立的车辆通过车钩连接起来形成一个运行组，就称为车辆编组。车辆编组需考虑运营线路、客流量大小、站间距离、舒适性、安全可靠性、工程投资等因素。

我国城市轨道交通车辆编组通常由 4~8 辆车组成。以 6 辆编组最为常见，少的 2 辆也可以成组，最多不超过 10 辆。6 辆编组的形式是（4 动 2 拖）Tc-Mp-M-Mp-M-Tc 和（3 动 3 拖）Tc-Mp-M-M-Mp-Tc。

另外，国内列车编组方式中车型表示方法有的采用 A、B、C 等字母来表示。其中，A 代表带驾驶室的拖车；B 代表带受电弓的动车；C 代表不带受电弓的动车。例如，上述六节编组的列车 Tc-Mp-M-M-Mp-Tc，可表示为 A-B-C-C-B-A。

任务二 城市轨道交通车辆机械组成部分的认知

任务目标

知识目标
1. 掌握城市轨道交通车辆的车体结构。
2. 掌握城市轨道交通车辆的转向架结构。
3. 掌握城市轨道交通车辆的车钩缓冲装置结构。
4. 掌握城市轨道交通车辆空调的结构。
5. 了解城市轨道交通车辆制动系统的组成。

技能目标
1. 具有辨别不同种类的城市轨道交通车辆车门的能力。
2. 具有辨别不同种类的城市轨道交通车辆机械部件的能力。
3. 具有指出城市轨道交通车辆主要机械部件的功能的能力。

素养目标
增强学生的思辨能力、安全意识和服务意识。

知识课堂

城市轨道交通车辆种类很多,性能各异,但其基本结构大致相同,主要包括车体、转向架、车钩缓冲装置、制动装置、空调通风系统、车辆电气牵引系统、辅助供电系统、列车控制及诊断系统等部分。

一、车体

车体是城市轨道交通车辆最重要的组成部件之一,是容纳乘客和列车司机驾驶(有驾驶室的车辆)的场所,车体也是安装与连接其他设备和部件的基础。车体主要包括车体结构、内装饰、车内设备(车窗、车门、座椅、立柱、扶手)和空调。

1. 车体的特征

城市轨道交通车辆是城市公共交通或近郊客运所选择的特殊运输方式,城市轨道交通车辆具有车体结构多样性、车内设置的座位数量少、车门数量多而且开度大、防火、阻燃、隔声、与城市景观相协调等特征。

2. 车体的承载方式

(1)底架承载 即全部载荷由底架来承担。

(2)侧墙和底架共同承载结构 即载荷由侧墙、端墙与底架共同承担,侧墙、端墙与底架等通过固接形成一个整体,具有较高的强度和刚度。

(3)整体承载结构 即车体结构的各部分均承受载荷,车体的底架、侧墙、端墙、车顶连接成一个整体,成为开口或闭口箱形结构。

3. 车体的材料

城市轨道交通车辆车体材料的选择,不但直接影响车体的强度和刚度,更直接关系到车辆运行的安全性和乘客的舒适性。目前,城市轨道交通车辆车体有耐候钢、不锈钢、铝合金3种材料,如图4-7和图4-8所示。

4. 车体的结构

城市轨道交通车辆车体按架构和功能的不同,可分为壳体、驾驶室、车门、车窗、贯通道和内部装饰等。

图4-7 不锈钢车体

（1）壳体　壳体由底架、侧墙、端墙、车顶等部件组成，为封用筒形结构的整体承载方式。它是保证乘客安全的主要部件，也是减轻车辆自重的关键部件，如图4-9所示。

（2）驾驶室　不同车型的驾驶室内的设备略有差异，一般由驾驶台，驾驶室侧门、紧急疏散门、通道门、驾驶室座椅、电气控制柜等组成，如图4-10所示。

图4-8　铝合金车体　　　　　　图4-9　壳体　　　　　　图4-10　驾驶室

（3）车门　按用途可分为客室侧门、驾驶室侧门、驾驶室与客室之间的间隔门和紧急逃生门（部分车辆已取消）4种。客室侧门和驾驶室侧门的使用频率最高，间隔门和紧急逃生门的使用频率较低。

客室侧门其按安装方式和运动轨迹可分为内藏门、外挂门、塞拉门，如图4-11所示。

a) 内藏门　　　　　　　　b) 外挂门　　　　　　　　c) 塞拉门

图4-11　客室侧门车门

驾驶室侧门一般为折页门或手动塞拉门，塞拉门具有良好的密封性、隔热性和隔声效果。

间隔门（图4-12）主要用于分隔驾驶室和客室，在紧急情况时，乘客可以通过该门进入驾驶室，再通过紧急逃生门（图4-13）从疏散梯进入隧道，离开列车。

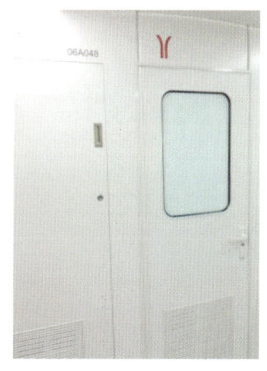 

图4-12　间隔门　　　　　　　　图4-13　紧急逃生门

（4）车窗　车窗一般设在两个客室车门之间，列车两侧分别均匀布置车窗。车窗玻璃为双层中空玻璃，具有良好的隔热、隔声效果，如图4-14所示。

（5）贯通道　车辆贯通道位于两节车厢的连接处，它将两个车体的客室内部贯通为一体，是城市轨道交通车辆的重要部件，如图4-15所示。

（6）内部装饰　内部装饰一般是指车辆壳体以内的内墙板、内顶板、地板、座椅、扶手及立柱等，如图4-16所示。车内装饰不仅要求具有良好的隔声、隔热性能，而且要求内部装饰表面美观、色彩新颖，为乘客营造舒适、温馨的乘车环境。

图4-14　车窗

图4-15　贯通道

图4-16　内部装饰

二、转向架

转向架是城市轨道交通车辆的走行装置，位于车体底架和钢轨之间，主要支承车体的垂直载荷，产生并传递牵引力和制动力，引导车辆沿着轨道运行，如图4-17所示；为了便于城市轨道交通车辆顺利通过曲线，在车辆车体和转向架之间设有回转装置，使转向架可以相对车体转动。转向架的性能直接影响城市轨道交通车辆的运行品质、动力性能和行车安全。

图4-17　转向架

城市轨道交通车辆的转向架一般包括轮对轴箱装置、弹性悬挂装置、构架、转向架中心牵引装置、制动装置、驱动装置6部分，如图4-18所示。

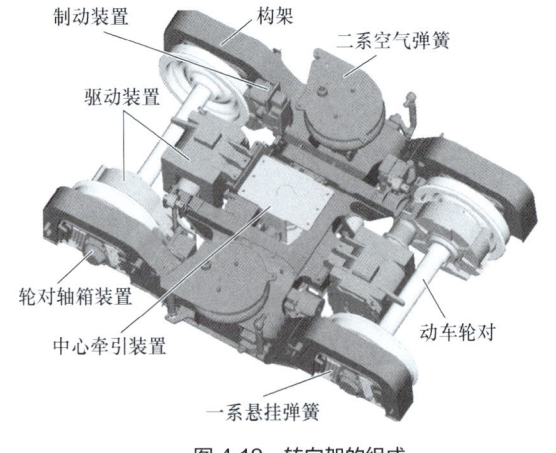
图4-18　转向架的组成

转向架的组成

（1）轮对轴箱装置　轮对由一根车轴和两个完全相同的车轮组成。轮对直接向钢轨传递载荷，通过轮轨之间的黏着产生牵引力和制动力，并通过车轮的回转实现车辆在钢轨上的运行（平移）。

（2）弹性悬挂装置 为减少线路不平顺和轮对运动对车体产生的各种动态的影响，转向架在轮对与构架或构架与车体（摇枕）之间设有弹性悬挂装置。前者称轴箱悬挂装置，后者称摇枕（或中央）悬挂装置，即一系悬挂装置和二系悬挂装置，一系悬挂装置用来保证一定的轴重分配，缓和线路不平顺对车辆的冲击，并保证车辆运行的平稳性。二系悬挂装置用以传递车体与转向架间的垂向力和水平力，使转向架在车辆通过曲线轨道时能相对于车体回转，并进一步减缓车体与转向架间的冲击与振动，同时必须保证转向架安全平稳。

（3）构架 构架是转向架的基础，主要包括侧梁、横梁和悬挂座，构架将转向架的各个零部件组成一个整体，因此不仅要承受、传递各种载荷和作用力，而且其结构、形状和尺寸都应满足基础制动、弹性减振、轴箱定位等零部件组装的要求。

（4）转向架中心牵引装置 转向架中心牵引装置由中心销系统和牵引拉杆组成，包括中心销、牵引拉杆系统，其主要作用是传递纵向作用力即牵引力和制动力，完成转向架相对于车体的回转运动。

（5）驱动装置 驱动装置只安装在动车的转向架上，驱动装置主要包括牵引电机、车轴齿轮箱、联轴节或万向轮和各种悬吊机构等，它主要是使牵引电机的转矩转化为轮对或车轮上的转矩，利用轮轨间的黏着作用，驱动车辆沿钢轨运行，牵引电机在列车运行中还起着产生牵引力和电制动力的作用。

（6）制动装置 这里的制动装置指的是安装在转向架上的基础制动装置，主要包括制动缸、放大系统、制动闸片和制动盘，其作用是传递并放大制动缸的制动力，并将其传递给闸瓦或闸片，使其与车轮或制动盘摩擦而产生制动力。

三、车钩连接装置

城市轨道交通车钩连接装置主要包括车钩缓冲装置和贯通道。

1. 车钩缓冲装置的作用

车钩缓冲装置主要包括车钩和缓冲器，车钩主要用来保证车辆间的彼此连接，并且有传递和缓和纵向力的作用。缓冲器用来传递和缓和冲击力，并且使车辆彼此之间保持一定距离。

2. 车钩的分类

（1）按照车钩材料分类 按照车钩材料分类，车钩分为非刚性车钩和刚性车钩。

1）非刚性车钩，允许两个相连接的车钩钩体在垂直方向上有相对位移。当两个车钩的纵轴线存在高度差时，两个车钩呈阶梯形状，并且各自保持水平位置。非刚性车钩较普遍地应用于铁路客、货车车辆。

2）刚性车钩，也称为密接式车钩，它的连接不允许两连挂车钩存在相对位移，而且对前后的间隙要求应限制在很小的范围内。

（2）按照车辆牵引连挂装置的连接方法不同分类 车钩可分为非自动车钩和自动车钩。城市轨道交通车辆上的车钩可分为自动车钩、半自动车钩和半永久性牵引杆3种，如图4-19所示。

1）自动车钩可实现机械、气路和电路的完全自动连挂与解钩。

2）半自动车钩的机械和气路连接机构作用原理基本上与自动车钩相同，可以实现自动连挂和解钩，或人工解钩，但电路必须靠人工连挂和解钩，以方便检修作业。

3）半永久性牵引杆的机械、气路和电路的连挂和解钩都需要人工操作，但一般只在架车作业时才进行分解。

四、制动装置

制动是指人为地通过制动装置使车辆减速或阻止其加速的过程。

制动力是使车辆减速或阻止其加速的外力。

缓解是对已经施行制动的车辆解除或减弱其制动作用。对于运动的车辆而言，在停车后起动加速前或运行途中限速制动后加速前均要解除制动作用，即施行缓解作用。

1. 制动装置的特点

制动装置要能产生足够的制动力，保证城市轨道交通车辆在规定的制动距离内停车；车组前后车辆的制动、缓解作用一致；采用电制动和空气制动的联合制动方式；在长大坡道上运行时，制动力不衰减；可自动进行空/重车制动力大小的调整；具有紧急制动性能。

2. 车辆的制动形式

1）按城市轨道交通车辆制动时动能的转移方式，城市轨道交通车辆的制动方式可以分为两类：

① 摩擦制动。摩擦制动即制动时动能通过摩擦的方式转变为热能散发到空气中，这种制动方式主要包括闸瓦制动、盘形制动和磁轨制动。

② 电制动，又称动力制动。电制动包括再生制动、电阻制动两种形式。电制动即制动时将动能通过发电机转化为电能，再将电能送回电网（再生制动）或变成热能散发到空气中（电阻制动）。

a）自动车钩

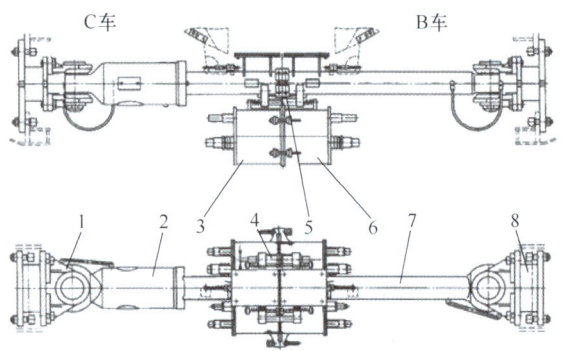

b）半永久性牵引杆

c）半自动车钩

图4-19　车钩

2）按制动力的获取方式，城市轨道交通车辆制动装置制动方式主要有黏着制动和非黏着制动两种。城市轨道交通车辆主要使用黏着制动方式，城市轨道交通车辆广泛使用的闸瓦制动和盘形制动均属于黏着制动；在城市轨道交通车辆上用得极少，而在高速铁路车辆上使用广泛的磁轨制动和涡流制动属于非黏着制动。

3. 车辆制动操作模式

（1）常用制动　常用制动是在正常运行情况下调节列车运行速度或使列车在预定地点停车的制动。

（2）紧急制动　紧急制动是在紧急情况下使列车减速并达到在最短距离内紧急停车的制动，紧急制动时，完全利用气制动，在相同载荷情况下，其制动力高于快速制动。列车一旦施加紧急制动，其制动指令将直至列车停止，中途是不可恢复的。

（3）快速制动　快速制动的制动力与紧急制动一样，但与紧急制动不同的是：快速制动时电制动和气制动配合施加，制动过程中，列车司机可以在任何时候撤销快速制动指令，恢复列车的运行。

（4）停车制动　停车制动是列车静止停放时，为防止停放过程中溜车所施加的制动。

五、空调通风系统

城市轨道交通车辆安装空调装置（图4-20）的目的是为广大乘客提供舒适的乘坐环境，其主要控制车厢内空气的温度、湿度、气流速度和洁净度，在空调正常运行情况下，能够使人体保持热平衡而满足舒适感。

图4-20　地铁空调

1. 空调通风系统的组成

（1）通风系统　通风系统的作用是将车外新鲜空气吸入并与车内再循环空气混合，在滤清灰尘和杂质后，再输送和分配到车内各处，使车内获得合理的气流组织。同时将车内污浊的空气排出车外，使车内的空气参数满足设计要求。

（2）空气制冷系统　空气制冷系统的作用是在夏季对进入车内的空气进行降温、除湿处理，使车内空气的温度与相对湿度维持在规定范围内。

空调

（3）空气加热系统　空气加热系统的作用是在冬季对进入车内的空气进行预热和对车内的空气进行加热，以保证冬季车内空气的温度在规定范围内。

（4）空气加湿系统　空气加湿系统的作用是在冬季车内空气相对湿度较低时对空气进行加湿，以保证冬季车内空气的相对湿度在规定范围内。

（5）自动控制系统　自动控制系统的作用是控制各系统按给定的方案协调工作，以使室内的空气参数控制在规定范围内，同时对空调装置起自动保护作用。

2. 空调通风系统的特点

考虑到实际运行特点和运营需要，车辆空调通风系统一般具有良好的舒适度、小型轻量化、自动化程度高、可靠性高、便于维护、紧急通风、低噪声等特点。

3. 空调装置的工况

（1）制冷工况　空调装置要不断地把车厢内的多余热量转移到车厢外，使车厢内温度保持在一个较低的范围内。它包括制冷循环和空气循环。

1）制冷循环：空调采用蒸气压缩制冷循环方式，它包括压缩、冷凝、节流和蒸发4个热力过程。

2）空气循环：空气循环是利用空调机内电风扇强迫车厢内外空气按一定路线对流，以提高换热器的热交换效率。空调的空气循环包括车厢内空气循环、车厢外空气循环和新风系统。

（2）制热工况　空调制热方式有两种：一种是电热，即电流通过电热丝发热；另一种是热泵制热，即气态制冷剂冷凝放热。

任务三　城市轨道交通车辆电气组成部分的认知

任务目标

知识目标
1. 掌握城市轨道交通车辆受流器的结构。
2. 掌握城市轨道交通车辆牵引电机的结构。
3. 掌握城市轨道交通车辆牵引及控制系统的结构。
4. 掌握城市轨道交通车辆辅助供电系统的结构。
5. 了解其他电气设备的组成。

技能目标
1. 具有辨别不同种类的城市轨道交通车辆电气部件的能力。
2. 具有说出城市轨道交通车辆主要电气部件的功能的能力。

素养目标
增强学生的思辨能力和安全意识。

知识课堂

一、受流装置

受流装置是列车将外部电源引入车辆电源系统的重要设备。从接触导线（接触网）或导电轨（第三轨）将电流引入动车的装置称为受流装置或受流器，如图4-21所示。根据线路供电方式的不同，列车受流装置分为受电弓和集电靴两种形式。集电靴应用于第三轨方式供电的线路；受电弓主要应用于以接触网方式供电的线路。

a) 受电弓　　　　　　　　　　　　　　b) 集电靴

图4-21　受流装置

城市轨道交通车辆受流装置是车辆极其重要的电气部件，是用来将电能传递给车辆的重要组成部分。受流装置安全可靠工作是城市轨道交通车辆能够正常运行的保证。

1. 受电弓的分类及结构

受电弓是城市轨道交通车辆较为普遍采用的受流装置之一，按照外形结构可分为单臂受电弓和双臂受电弓两种，按照传动方式可分为气动式受电弓和电动式受电弓两种，按照传动设备不同可分为弹簧式受电弓和气囊式受电弓。

受电弓主要由底架、高度止挡、绝缘、构架、下臂、下导杆、上臂、上导杆、弓头、接触滑板、端角、升降装置、电流传输装置、锁钩、最低位置指示器组成，如图4-22所示。

2. 集电靴

碳滑靴式受流器应用于第三轨方式供电的线路，供电电压为直流750V。受流器由一个主体和一个机构组成，该机构能使碳滑靴保持与第三轨相接触，主要由两个弹簧和两个弹性轴承控制。

虽然同一列车上使用受流装置的定义和功能都相同，但受流装置之间不能互换使用，一个确定的受流装置位置是有不同的参数设置的。

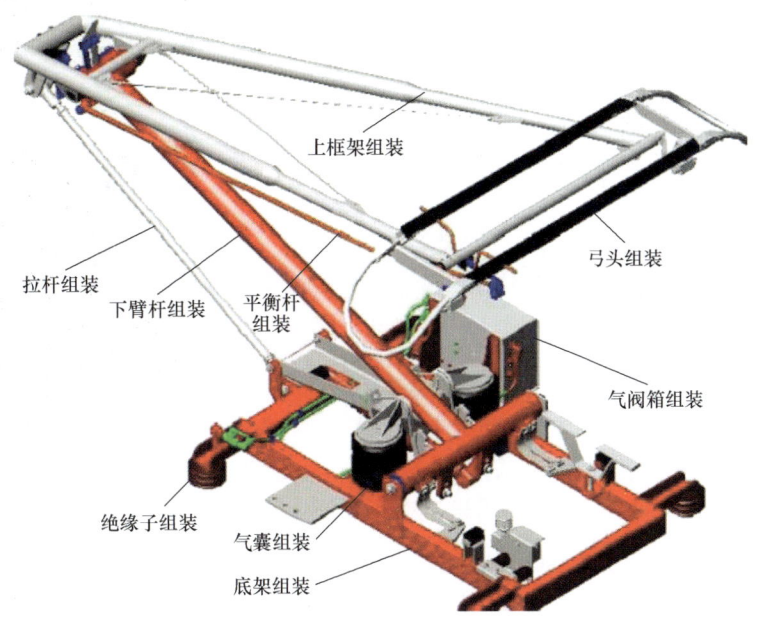

图 4-22 受电弓结构

二、牵引电机

牵引电机是驱动车辆动轮轴的主电机，用于车辆的加速及制动。城市轨道交通车辆上使用的电机按用途可分为牵引电机和辅助电机两种。牵引电机为车辆运动提供动力，辅助电机主要用在各通风冷却系统及供气系统。地铁车辆应用最广泛的牵引电机是直流牵引电机和交流异步牵引电机。

1. 牵引电机的结构

牵引电机主要由定子和转子两部分组成。定子又包括定子铁心、定子绕组和机座。转子又包括转子铁心、转子绕组和转轴。

2. 牵引电机的工作原理

牵引电机的定子绕组接通三相交流电，在定子空间将产生旋转磁场。转子绕组在旋转磁场中将产生感应电动势和感应电流，从而使转子受到电磁力的作用而转动。

三、牵引及控制系统

列车牵引及控制系统控制列车牵引电机的工作，为列车提供所需驱动力及制动力。牵引及控制系统主要由高速断路器、主电路、变流设备（牵引逆变器）及其控制单元、制动电阻等部件组成。

1. 高速断路器

高速断路器，如图 4-23 所示，用来接通和分断电动列车的高压电路，是电动车辆的主要保护装置。当主电路发生短路、过载等故障时能够快速切断主电源。

2. 牵引逆变器

牵引逆变器采用先进的调频调压交流感应电机驱动系统。基本原理是将来自接触网（受流装置）的 1500V（750V）直流电通过逆变器转换成频率和电压均可调的三相交流电，供给驱动用交流笼型感应电机。

3. 接触器

地铁车辆使用的电磁接触器是一种用来频繁地接通和切断主电路的自动切换电器，它的特点是能进行远距离自动控制，操作频率较高，通断电流较大。电磁接触器的主要由电磁机构、传动装置、主触头、灭弧装置、辅助开关装置等组成，如图 4-24 所示。

图 4-23　高速断路器

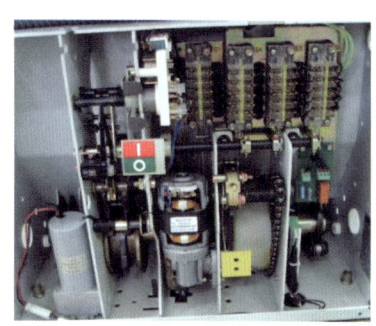

图 4-24　接触器

4. 牵引控制单元

牵引控制单元（DCU）为牵引逆变器 VVVF 提供脉宽调制信号 PWM，为牵引电机提供矢量控制，采用空间磁场矢量控制的转矩控制模式。DCU 主要负责牵引/制动控制、脉冲模式产生、逆变器保护、速度测量、牵引/制动指令参考值处理、转矩控制、电压电流控制等。

5. 制动电阻器

制动电阻器（图 4-25）用于地铁车辆的电阻制动，承担牵引电机电流中不能再生的那部分制动电流的消耗。

当带状制动电阻条通过制动电流时，以发热的方式将能量传递出去。根据这一原理，制动电阻除要求有良好的热容量、耐振动外，还要求其具有良好的防腐蚀性能，在高温下不生成氧化层。带状制动电阻通过绝缘子安装在框架内。制动电阻冷却方式通常为强迫风冷。

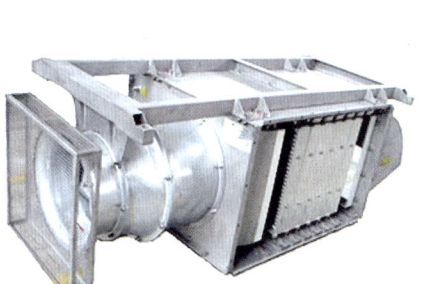

图 4-25　制动电阻器

四、辅助供电系统电气设备

地铁列车辅助供电系统主要为除牵引及控制系统以外的所有用电系统供电，其供电的主要负载有列车空调系统、客室照明系统、设备通风冷却系统、列车控制系统、蓄电池的充电等。整个辅助供电系统由辅助逆变器、电压转换器、蓄电池等部件组成，它的工作状态正常与否直接影响整列车的功能。特别是当数辆列车发生辅助电路故障时将导致列车的运行故障，甚至造成整条线路的运行中断。因此电动列车辅助供电对保障整个地铁运营系统高效、可靠、安全的运行是极其重要的。

1. 辅助逆变器

辅助逆变器是将电网的直流 1500V 电源变成交流 50Hz、380V/220V 电源和直流 110V 电源。对于采用交流供电的照明系统，辅助逆变器还负责向照明系统供电。

列车辅助逆变器的工作原理与主牵引逆变器是一致的，只是辅助系统供电的频率及幅值是固定的，其控制相对主逆变器来说较为简单。

2. 蓄电池

列车蓄电池主要供列车起动使用，同时在辅助逆变器不工作的时候，为列车提供紧急照明、紧急通风、控制系统、通信系统等提供电源，所以蓄电池也是列车上的重要电气部件。

目前，列车通常使用碱性镉镍蓄电池。镉镍蓄电池具有环保、寿命长，充放电循环周期高达数千次，耐冲击和振动，自放电率小、低温性能好、耐过充电能力强等优点，因此在列车上通常使用镉镍蓄电池作为起动电源。

五、其他电气设备

1. 司机控制器

司机控制器简称为司控器，列车司机通过操纵司控器手柄，使列车按列车司机意图控制运行。司控器可实现列车前进、后退、牵引、制动和惰行工况的转换。司控器主要由主控制手柄、方式/方向手柄、组合开关、凸轮、转动轴、电位器电阻等部件组成，如图4-26所示。

a）司控器位置

为了保证列车的安全，通常在主控制手柄顶部安装有警惕按钮，列车司机只有按下该按钮后才能向列车发出指令；在列车运行过程中，如果列车司机放开警惕按钮一定时间后不及时再次按下，列车将实施紧急制动。

2. 熔断器

熔断器串联于电路中，当该电路产生过载或短路故障时，熔断器先行熔断，切断故障电路，保护电路和电气设备。

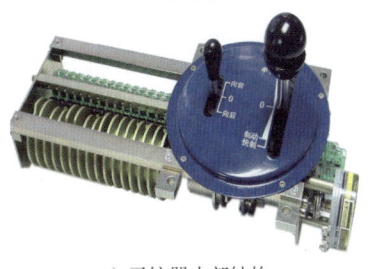

b）司控器内部结构

图4-26 司控器

3. 继电器

继电器同接触器的共同点是两者都是一种自动控制电器。不同的是，继电器一般不直接控制主电路，而是接在控制电路中，因此，它通过的电流较小（一般在20A以下）。

继电器主要由测量机构和执行机构两部分组成（图4-27）。测量机构接收输入量，并将其转变为继电器工作所必需的物理量，如电压、电流、压力等。

4. 各类传感器

在列车各控制系统中，使用了大量的传感器为系统控制单元提供反馈信号。例如，牵引及控制系统使用非接触式传感器测轴速，用于电子防滑和车轮空转的控制；用电流传感器、电压传感器检测主电路电流、电压情况；制动电阻箱内使用温度传感器监控制动电阻的温度；空调通风系统在客室中安装温度传感器用于控制空调通风系统的工作状态等。图4-28为列车上使用的速度传感器。

图4-27 继电器

图4-28 速度传感器

任务四　城市轨道交通车辆基地的认知

任务目标

知识目标
1. 掌握车辆基地的组成。
2. 了解城市轨道交通车辆的修程。
3. 熟悉车辆基地的设备。

技能目标
具有辨别不同种类的城市轨道交通车辆检修设备的能力。

素养目标
增强学生的创新意识。

知识课堂

车辆基地是城市轨道交通车辆停放、检查、维修、保养和检修的专门场所,是保证城市轨道交通车辆良好的技术状态和城市轨道交通正常运营的重要基础。

一、车辆基地的组成

车辆基地根据功能和规模的大小可分为停车场和车辆段。车辆基地以列车检修、运用为主,将工务、通信、信号、机电设备等专业的维修一并考虑,有利于协调各专业的衔接关系,对各专业检修工作进行有效的协调管理,合理规划、统一使用场地和设备,有利于实现计算机网络和现代化管理。

二、停车场

停车场是城市轨道交通车辆停放的场所,承担列车的停放洗刷、清扫及列车日常检查和乘务工作,如图4-29所示。每条地铁线路按其线路长度和配属列车的多少不同设置停车场或根据需要增设辅助停车场,辅助停车场一般只设置停车设施,仅承担列车的停放、清洁工作。

三、车辆段

车辆段要在停车场的基础上增加列车架修、大修的设施设备,如图4-30所示,列车主要检修方式采用部件互换修,同时车辆段要具备车辆零部件的检修能力。

图4-29　停车场

图4-30　车辆段检修基地

车辆段主要具有以下功能:
1)承担所属线路的列车停放、清洁和列检工作。

2）承担所在线路列车的定修（年检）及以下列车检查、维修和临修工作。
3）承担所属线路和由多条联络线互相沟通的线路的列车架修、大修工作。
4）承担列车部件的检测、修理工作。

四、列车检修主要设备

1. 不落轮镟床

不落轮镟床用于电动列车在整列编组不解体的情况下对车轮轮缘和踏面的擦伤、剥离、磨耗进行修理加工和各种数据的测量，如图 4-31 所示。

2. 列车自动清洗机

列车自动清洗机用于对列车车体进行清洗。通过自动清洗机端部和两侧不同形式的清洗毛刷组，对列车的前后端部、两侧车体侧面、车门、车窗玻璃进行滚刷，如图 4-32 所示。

图 4-31　不落轮镟床

图 4-32　列车自动清洗机

3. 地面式架车机

地面式架车机能同步提升 N 节不解钩的列车单元组，以便对列车车体下部的机械、电气部件进行维修、保养和更换。总操作控制台能控制整套机组的升降，也能设定架车机组提升的列车单元组数量。地面式架车机可分为固定式（图 4-33）和移动式（图 4-34）两种。

移动式架车机又可分为有轨式和无轨式两种。有轨移动式架车机，整台机架在辅助轨上移动，随意定位。无轨移动式架车机不需要辅助轨，靠架车机自身带有的万向轮移动定位。

图 4-33　固定式架车机

图 4-34　移动式架车机

4. 地下式架车机

地下式架车机组由两个独立的车体架车机和转向架架车机组成一套架车系统，能同步架起 N 节列车单元。检修作业中，车体架车机和转向架架车机配合使用，能提升列车，也能轻易落下车辆中任意转向架或轮对，如图 4-35 所示。

5. 牵引车

公/铁路两用牵引车（图 4-36）是一种既能在轨道上牵引，又能在平地上运行的两用牵引车。前端采用列车自动车钩和牵引连接杆两种联挂装置，能灵活地与铁路车辆和其他车辆进行连接，是一种能满足地铁列车检修作业的理想牵引设备。驾驶形式有带驾驶室和不带驾驶室两种，目前国内生产和使用的基本为带驾驶室的牵引车。

图 4-35 地下式架车机

图 4-36 公/铁路两用牵引车

6. 空调悬臂吊

空调悬臂吊是起吊、安装、拆卸、运输列车顶部空调总成和受电弓等部件的专用设备。

7. 室内移车台

室内移车台用来横向一次运送整节地铁列车至检修轨道（台位）。设备纵向端头各有一块带导轨的活动连接板，通过液压系统的控制与移车台两头的检修轨道（工作台位）相连，方便地将需移动的车辆牵引进/出移车台。

室内移车台一般采用有轨式，若为大跨距车体，需配牵引车牵引。

8. 轮对压装机

轮对压装机（图 4-37）用于车轮和车轴在设定压力下装配成轮对（压轮）和将轮对分解成车轮和车轴（退轮）。可一次压（退）一个轮子或一次同时压（退）两端轮子。

图 4-37 轮对压装机

9. 转向架清洗机

转向架清洗机用于转向架的清洗。转向架由该设备上的传送机构送入全封闭的清洗房内，启动设备程序后，由清洗喷管喷出被加热到20℃以上的清洗水和漂洗液，对转向架进行自动清洗。

10. 检测与试验设备

检测与试验设备主要包括超声波轮对探伤仪、轮缘轮距测量仪、车门驱动空气压力测量装置、列车静调试验台和转向架试验台等。

11. 车辆智能巡检机器人

车辆智能巡检机器人主要用于车底的巡检工作，与传统的人工检修模式相比，列车日检人工时减少30%以上，效率提升约37%，并且实现了无纸化检修作业和检修数据信息化存储，有效提升了列车检修水平及管理水平。

> **扩展阅读**
>
> 为了保证地铁安全平稳运行，有一群人不管白天黑夜，默默地审视着地铁列车的每一个零部件，保障车辆安全运行，他们就是地铁车辆检修工。
>
> 春节期间，记者来到×××地铁运营分公司车辆基地。检修中心工班长×××自2012年加入检修中心，从那个时候起，他开始了与地铁为伴过春节的日子。晚上，他和工班10名同事一起对10余辆列车进行全面检修。他告诉记者，一辆列车长120m，正常情况下，检修完一辆列车差不多要走近1km路，一晚上下来，要走上10km。正是列车检修工一丝不苟、认真负责的工作精神为广大市民的出行提供了可靠的保障。

项目五

城市轨道交通供电系统的认知

学习导入

城市轨道交通供电系统是城市轨道交通重要的组成部分之一，它不仅为城市轨道交通电动列车提供牵引用电，还为运营服务的其他设施提供电能，如照明、通风、空调、电梯、防灾报警、通信、信号等。安全可靠、经济合理的供电系统是城市轨道交通正常运营的重要保障和前提，一旦运营中的城市轨道交通线路供电中断，不仅会造成运输系统的瘫痪，还会危及乘客和工作人员的生命安全，造成严重的损失。

任务一　城市轨道交通供电系统概述

任务目标

知识目标
1. 熟悉城市轨道交通供电系统的功能。
2. 熟悉城市轨道交通供电系统的组成。

技能目标
1. 具有分析城市轨道交通供电系统工作原理的能力。
2. 具有识别城市轨道交通供电系统负荷等级的能力。

素养目标
1. 培养学生严谨认真、遵章守纪的工作态度。
2. 培养学生爱岗敬业、团队合作的工作意识。

知识课堂

一、城市轨道交通供电系统的功能

电能是城市轨道交通车辆电力牵引系统必需的能源，电动列车以及为轨道交通运营服务的机电设备，包括通风、空调、照明、通信、信号、给排水、防灾报警、电梯、电动扶梯等也都依赖并消耗电能。在城市轨道交通运营中，若供电一旦中断，不仅会造成城市轨道交通运营瘫痪，而且还有可能危及乘客生命安全，造成财产损失。因此，高度安全、可靠而又经济合理地电力供给是城市轨道交通正常运营的重要条件和保证。

二、城市轨道交通供电系统的组成

城市轨道交通系统是一个重要用电部门,它不同于一般工业和民用用电,为一级负荷。一级负荷规定由两路独立的电源供电,当任何一路电源发生故障中断供电时,另一路应负荷全部的用电。城市轨道交通供电电源通常取自城市电网,通过城市电网一次电力系统和城市轨道交通供电系统实现输送或变换,然后以适当的电压等级供给城市轨道交通各设备。

1. 牵引供电系统的功能

牵引供电系统主要由牵引变电所和牵引网两大部分组成。牵引变电所主要由变压器和整流器组成;牵引网主要由接触网、馈电线、电分段、轨道和回流线组成。接触网又分为架空式和接触轨式,图5-1为采用架空式接触网的牵引供电系统示意图。

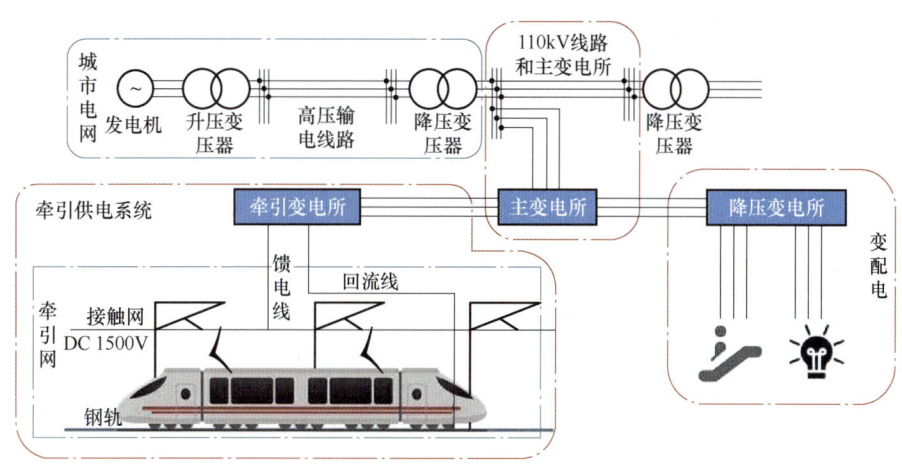

图 5-1 采用架空式接触网的牵引供电系统示意图

区域变电所或主变电所将供电部门送来的三相高压交流电降压为所需电压等级(35kV),通过三相线路送到牵引变电所,再降压并整流为适应于电动列车组工作的直流电,通过电动列车组受流装置与接触网或接触轨滑动接触,将直流电引入电动列车组,工作时电流流经车体、轮对、轨道,再经由回流线回到牵引变电所。

(1)牵引变电所　牵引变电所是指供给城市轨道交通一定区域内牵引电能的变电所。

(2)接触网(轨)　接触网(轨)是指经过电动列车的受电器向电动列车供给电能的导电网。

(3)馈电线　馈电线是指从牵引变电所向接触网输送牵引电能的导线。

(4)回流线　回流线是指用以供牵引电流返回牵引变电所的导线。

(5)电分段　电分段是指将接触网从电气连接上相互分开的装置。为便于检修和缩小事故范围,一般会将接触网分成若干段。

(6)轨道　列车行走时,利用走行轨作为牵引电流回流的电路。在采用跨坐式单轨电动列车组时,需沿线路专门铺设单独的回流线。

2. 动力照明供电系统

在动力供电系统中,降压变电站一般每个车站设置一个,有时也可几个车站合设一个;也可将降压(动力)变压器附设在某个牵引变电站之中,构成牵引与动力混合变电站。

地铁车站及区间照明电源采用 380/220V 系统配电。正常时，工作照明、事故照明均由交流供电，当交流电源失去时，事故照明自动切换为蓄电池供电，确保事故期间必要的紧急照明。

在地铁供电系统中，根据实际需要，也可以专设高压主变电站。发电厂或区域变电站对地铁主变电站供电，经主变电站降压后，分别以不同的电压等级对牵引变电站和降压变电站供电，这种供电方式被称为集中式供电方式，上海地铁就是采用这种供电方式。牵引变电站的设置和容量应按运行的列车编组及行车密度进行牵引供电计算后确定，降压变电站的设置和容量可根据动力用电量确定，若有主变电站，其容量应由全部牵引和动力用电量来确定。也可以不设地铁主变电所，由城市电网中的区域变电所直接对地铁牵引变电所和降压变电所供电，这种供电方式称为分散式供电方式，北京、天津地铁采用这种方式。

地铁动力照明供电系统示意图如图 5-2 所示。

动力照明系统是给车站空调、给排水泵、自动扶梯等动力设备及照明、通信信号、防灾报警、设备监控等设备供电的系统。降压变电所通过配电所（室）将三相 380V 和单相 220V 交流电分别供给动力照明设备。

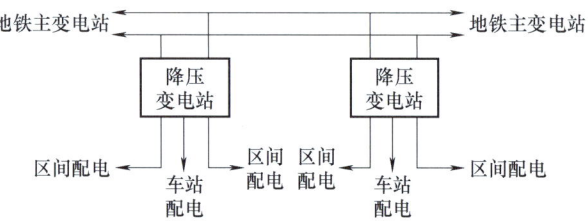

图 5-2　地铁动力照明供电系统示意图

（1）车站用电负荷　根据用电设备的用途和重要性，车站用电负荷分为以下三级。

① 一级负荷：包括排烟风机、消防泵、主排水泵、自动售检票机、屏蔽门、电力监控、变电所操作电源、防灾报警、通信信号、人防系统、地下车站站台和站厅照明及应急照明等。

② 二级负荷：包括局部通风机、普通风机、排污泵、自动扶梯、电梯等。

③ 三级负荷：包括空调、冷冻机、热风幕、广告照明、维修电源等。

（2）对用电负荷供电的技术要求

① 一级负荷为双电源、双回路，供电末端自动切换，来电自复。

② 二级负荷为双电源、单回路，在电源端自动切换，来电自复。

③ 三级负荷为单电源、单回路，当电源失压时，可以自动切除。

④ 对于一级负荷，大功率设备的双电源可以来自变电所两端母线，小功率设备的双电源可以来自不同母线上的配电箱。

⑤ 对于二级负荷，两路电源，单回路供电，电源在变电所自动切换。

⑥ 对于三级负荷，由一路电源供电，当一台配电变压器故障解列时，可根据需要自动切除，另一台配电变压器可以承担全部一、二级负荷。

三、城市轨道交通供电系统的供电制式

轨道交通系统由电力牵引已有 100 多年历史，出现了不少的电力牵引制式，如直流制或交流制、电压等级、交流制中的频率（工频或低频）以及交流制中是单相或三相等。

城市轨道交通采用直流供电，因为直流电适合电气牵引的调速要求，而且直流牵引接触网结构简单，建设投资少，电压质量高。电气化铁路牵引供电一般多采用交流制，主要是因为供电距离远、需装车载整流装置等。国际电工委员会拟定的电压标准为：DC 750V、DC 1500V 和 DC 3000V 三种。我国国家标准采用 DC 750V 和 DC 1500V 两种。北京城市轨道交通采用 DC 750V 供电电压，上海、广州、南京、深圳等城市轨道交通采用 DC 1500V 供电电压。

任务二　变电所的认知

任务目标

知识目标
1. 熟悉城市轨道交通牵引变电所的功能和供电方式。
2. 理解城市轨道交通主变电所和降压变电所的功能。

技能目标
1. 具有识别城市轨道交通三类变电所的能力。
2. 具有识别牵引网供电方式的能力。

素养目标
1. 培养学生严谨认真、遵章守纪的工作态度。
2. 培养学生爱岗敬业、团队合作的工作意识。

知识课堂

地铁变电所（室）一般是在地铁沿线设置的，地铁变电所（室）可以建在地下，也可以建在地面。尤其是地下变电所（室）在防火方面有一定的要求，其防火措施主要从结构与建筑材料以及变电所的电气设备本身的不燃性等方面考虑。同时应装设自动消防报警装置、防火门和防火墙等隔离设施和有效的灭火系统。地铁变电所（室）分为三种基本类型：主变电所（室）、牵引变电所（室）和降压变电所（室）。地铁变电所（室）是由各种不同用途的电气设备按照一定的电气主接线连接构成。

一、主变电所

主变电所（室）是由上一级的城市电网区域变电所获得高压（如110kV或220kV）电能，经其降压后以中压电压等级供给牵引变电所和降压变电所的一种地铁变电所（室）。为保证地铁牵引等一级负荷的用电，应设置两座或两座以上的主变电所（室）为宜。另外，任一主变电所（室）停电并且另一主变电所一路电源进线失电压时，可切断地铁供电系统属于二、三级负荷的用电，以保证全部牵引变电所不间断地供电，使电动列车仍能继续运行。

二、牵引变电所

1. 牵引变电所的功能

牵引变电所的功能是将由区域变电所或主变电所获取的中压电压等级为35kV或10kV的电能，经降压与整流变换为可供列车牵引用的DC 1500V或750V，并以直流电的形式把电能经馈电线送至接触网。

2. 牵引变电所的组成

牵引变电所主要由交流开关柜、整流变压器、整流器、直流开关柜、交直流屏和钢轨电位限制器等设备组成，其主要设备是整流变压器和整流器。

3. 牵引变电所的设置

牵引变电所的容量与设置距离应根据牵引供电计算结果，进行经济技术分析比较后确定。牵引变电所沿线路布置，每一个牵引变电所有一定的供电范围。供电距离过长会使末端电压过低及电能损耗过大；供电距离过短又会使变电所数目太多而不经济。一般相邻牵引变电所之间的距离为2~4km。牵引变电所分为正线牵引变电所和车辆段或停车场牵引变电所。

其中，正线牵引变电所又分为车站牵引变电所和区间牵引变电所。牵引变电所一般采用在建筑物内设变电所的形式，也有少量的箱式牵引变电所。

4. 牵引变电所的供电方式

由于城市轨道交通运输的重要性，所有城市轨道交通的牵引供电都属于电力部门供电的一级负荷，以此来确保向它供电的可靠性。为此，牵引变电所均由两个独立的电源供电。又由于城市轨道交通线路分布范围较广，通常需要在轨道沿线设置多个牵引变电所向它供电，再加上电源线路的具体分布情况不同，因此牵引变电所的供电方式复杂多样，但可以将它们归纳为以下几种典型的供电方式。

（1）环形供电 将两个或两个以上的地区变电所（或地铁主变电所）与所有的牵引变电所用输电线联成一个环形进行供电的方式称为环形供电，如图 5-3 所示。环形供电可靠性好，当任一输电线或电源发生故障时都不影响牵引变电所的正常供电。但因牵引变电所一次侧进出线多且开关多，继电保护复杂，会使成本增加。

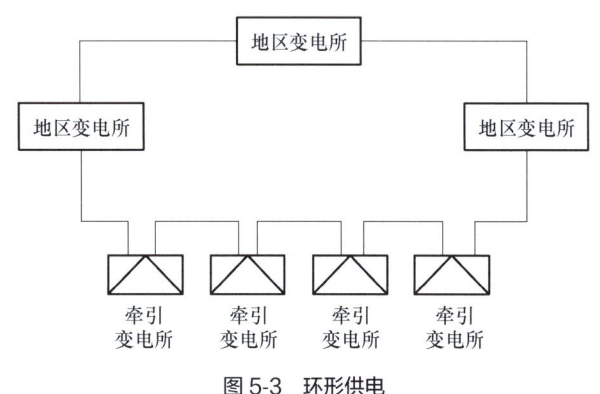

图 5-3 环形供电

（2）双边供电 电源来自电力系统的两个地区变电所，给城市轨道交通供电的输电线是联络这两个地区变电所的线路，这种供电方式称为双边供电，如图 5-4 所示。

根据可靠性的要求及实际情况，双边供电可分为双路输电线和单路输电线两种方式。但不论采用哪种方式，各路输电线的容量应不小于相关牵引变电所的容量之和。单路输电线

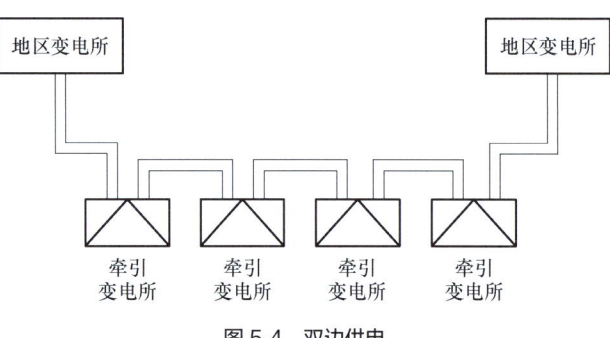

图 5-4 双边供电

方式一次侧进出开关少，投资也少，但供电可靠性不及双路输电线方式。当采用双路输电线方式时，即使一路输电线或一路电源出现故障，也不会导致牵引变电所失电。

（3）单边供电 当轨道沿线附近只有一侧有电源时，需采用单边供电，如图 5-5 所示。单边供电较环形供电的可靠性差，因此为了提高可靠性，应用双回路输电线供电。单边供电设备较少，投资也少。在单边供电的情况下，每路输电线可以不必都进入所有的牵引变电所，而是轮流地每隔一个进入一个，这样可以减少进线的数目，降低变电所的投资。

（4）放射式供电 放射式供电是指每个牵引变电所用两路独立输电线与地区变电所连接，如图 5-6 所示。这种接线方式适合于轨道线路成弧形的情况。这种接线

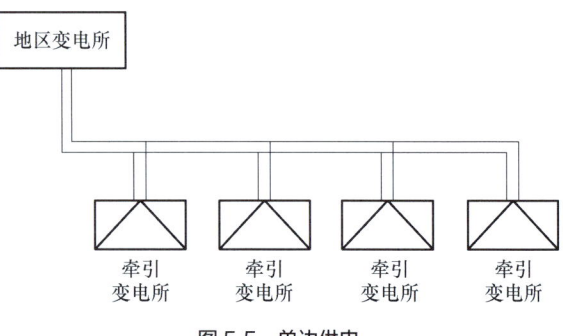

图 5-5 单边供电

方式比较简单，但当主降压变电所或地区变电所停电时，全线将停电。

三、降压变电所

在整个地铁系统的运行中，要保证地铁车站的环境正常和地铁系统的控制，就需要设置各种用电设备，如通风、给排水泵、自动扶梯等动力设备以及照明（包括事故照明）、通信、信号等，这些用电设备大都使用三相380V或220V交流

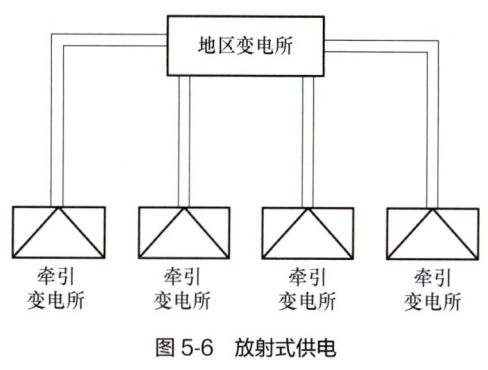

图5-6　放射式供电

电。降压变电所（室）的作用就是从城市电网地区变电所或主变电所获得电能并降压变成低压交流电。然后再经过下设的配电所（室）分配给各种动力和照明等设备用电。动力和照明等设备大部分集中在车站，也有一部分分散在区间隧道内，所以，一般在车站附近设置降压变电所（室）和配电所（室），由它们对车站和两侧区间隧道进行供电和配电。此外，车辆段和系统控制中心也需要由专设的降压变电所（室）得到供电。

任务三　接触网的认知

任务目标

知识目标
1. 熟悉城市轨道交通接触网的结构形式。
2. 理解城市轨道交通接触网的供电方式。

技能目标
1. 具有识别接触网种类的能力。
2. 具有识别架空式接触网结构组成的能力。

素养目标
1. 培养学生严谨认真、遵章守纪的工作态度。
2. 培养学生安全生产、节约环保的工作意识。

知识课堂

在轨道交通列车运行过程中，电能从牵引变电所经馈电线送到接触网，再从接触网通过列车的受电器送到列车，再经过行走轨道、回流线流回到牵引变电所。由接触网、馈电线、轨道和回流线组成的供电网络总称为牵引网。接触网是牵引网中最主要的组成部分，其作用是通过它与受电器可靠的直接滑动接触，将电能不断地传送到列车，在地铁列车运行过程中，电能从牵引变电所经馈电线送到接触网。

一、接触网的工作特点

（1）**没有备用线路**　接触网由于沿轨道线路全程敷设，并要与受电弓或集电靴保持滑动接触而无法采取备用措施，一旦接触网出现故障将造成整个供电区间停电，使在其间运行的列车因失去电能供应而停运。

（2）**经常处于动态运动中**　接触网和一般的电力线路不同，它为高速运动的电动列车

组随列车运动变点授电，而且通过的电流很大。电动列车组的受电弓对接触网保持一定的压力并以一定的速度与之接触摩擦，运行中不可避免地会产生受电弓离线而引起电弧，在露天区段的接触网还要承受风、雾、雨、雪及大气污染的作用使接触网始终处在振动、摩擦、电弧污染、伸缩的动态运行状态中。这种动态运行会对接触网的各种线索、零部件产生恶劣影响，使其比一般电力线路更容易发生故障。

（3）结构复杂技术要求高　接触网的运行环境和运行特点使其与一般的电力线路有很大的区别，其结构比较复杂，而且技术要求也比较高。例如，接触网导线的高度、拉力值，定位器的坡度，接触网的弹性、均匀度等都有定量的指标要求。

二、接触网的基本要求

电动列车组运行时，由于受电弓的振动、接触线不够平直、悬挂零部件不符合要求超出接触面等原因，会造成滑板与接触线脱离而形成电弧或碰撞现象，从而发生取流不良、机械损伤或断线事故。因此，为了保证对电动列车组的供电效果，对接触网有以下一些基本的要求。

1）接触网在机械结构上应具有稳定性和足够的弹性，安装高度尽量一致，以保证电动列车组在高速运行和恶劣的气候条件下正常取流。

2）接触网的设备及零部件要有互换性，应具有较强的耐磨性和抗腐蚀能力，以延长接触网的使用年限。

3）接触网的结构应尽量简单，以便施工和利于运营及维修，以及在事故情况下的抢修和迅速恢复送电工作。

4）接触网的建设应注意节约有色金属及钢材，以降低成本。

三、接触网的分类

接触网分为架空式接触网和接触轨式接触网两种，如图5-7所示。

a) 架空式接触网　　　　　　b) 接触轨式接触网

图5-7　接触网的分类

1. 架空式接触网

架空式接触网是架设在走行轨上部的接触网，由电动列车顶部伸出的受电弓与之接触取得电能。按照不同的分类方式，架空式接触网又可分为以下几种不同的种类。

1）按线路形式可分为地面架空式接触网和隧道架空式接触网。

① 地面架空式接触网主要包括接触悬挂装置、支持装置、定位装置、支柱与基础等部分。接触悬挂装置包括承力索、吊弦和接触线，其作用是直接为电动列车提供电流，使其正常运行；支持装置包括腕臂、拉杆和绝缘子，其作用是支持接触悬挂，并将其负荷传给支柱或其他建筑物的结构；定位装置包括定位器和定位管，其作用是保证接触线与受电弓的相对位置在规定范围内；支柱与基础的作用是用来支承接触悬挂装置和支持装置，并将接触悬挂装置固定在规定的位置和高度。地面架空式接触网的组成如图 5-8 所示。

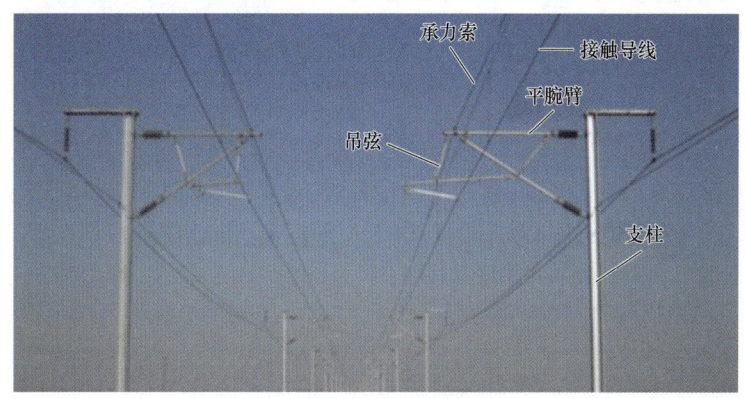

图 5-8　地面架空式接触网的组成

② 隧道架空式接触网。考虑隧道内空间狭窄，所以无法立支柱，对于隧道断面、净空高度、带电体对接地体的绝缘距离、导线的弛度等因素的限制。为了减小隧道的净空，需要在隧道内采用一些特殊的支持与固定装置。

2）按架空接触网与列车受电弓的配合关系及抬升情况，可分为柔性悬挂接触网和刚性悬挂接触网。

① 柔性悬挂接触网。柔性悬挂是指固定的导电体在受流过程中在受电弓（一般不采用集电靴）的作用下有一定程度的变形。

地面架空接触网属于柔性悬挂接触网，其悬挂形式可采用简单悬挂和链形悬挂，如图 5-9 和图 5-10 所示。

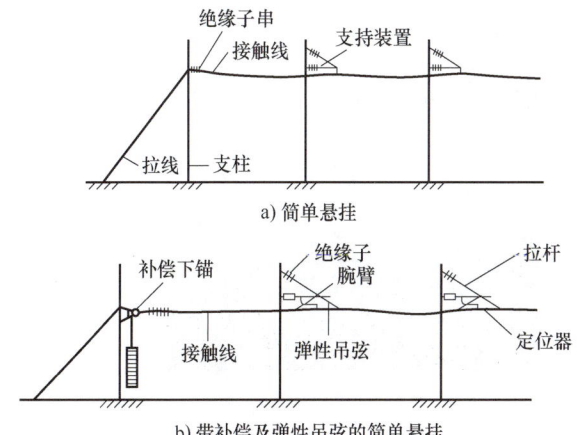

图 5-9　简单悬挂

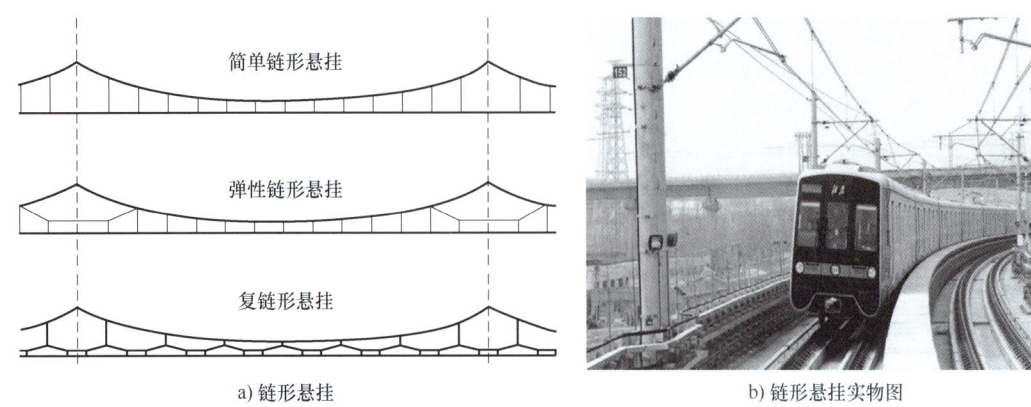

图 5-10 链形悬挂

简单悬挂是由一根或两根平行的接触线直接固定在支持装置上的悬挂方式,它的特点是不设承力索和吊弦,接触线直接悬挂在支持装置上。国内外对简单悬挂做了很多改进和研究,将其发展成为带补偿装置及弹性吊弦式的简单悬挂,在弹性吊弦悬挂处装设了张力补偿装置,在悬挂点加装 8~16m 长的弹性吊弦。

链形悬挂是一种运行性能较好的悬挂形式,它的特点是接触线通过吊弦悬挂到承力索,承力索通过悬吊滑轮悬挂在支持装置的腕臂上,使接触线在不增加支柱的情况下增加了悬挂点,通过调整吊弦长度使接触线在整个跨距内对轨面的高度基本保持一致,减少了接触线在跨距中的弛度,改善了弹性,增加了悬挂重量,提高了稳定性。链形悬挂有简单链形悬挂、弹性链形悬挂、复链形悬挂等多种形式。

② 刚性悬挂接触网。刚性悬挂是指固定的导电体在受流过程中在受电弓或集电靴的作用下基本不变形。汇流排是刚性悬挂的关键部件,一般用铝合金材料制成。刚性悬挂接触网将传统的接触线夹装在汇流排中,用汇流排取代了承力索和馈线,并靠它自身的刚性保持接触线的固定位置,使接触线不因重力而产生较大弛度。刚性悬挂接触网有两种典型代表,即以日本为代表的 T 形结构和以法国、瑞士等国为代表的 Ⅱ 形结构,如图 5-11 和图 5-12 所示。

刚性悬挂接触网所需要的隧道净空小、投资小,而且导电铜线无张力架设,不必设置下锚装置,也不会发生断线事故。刚性悬挂零部件少,载流量大,安全可靠且维护量小,维护成本低,其优越性是柔性悬挂难以比拟的。

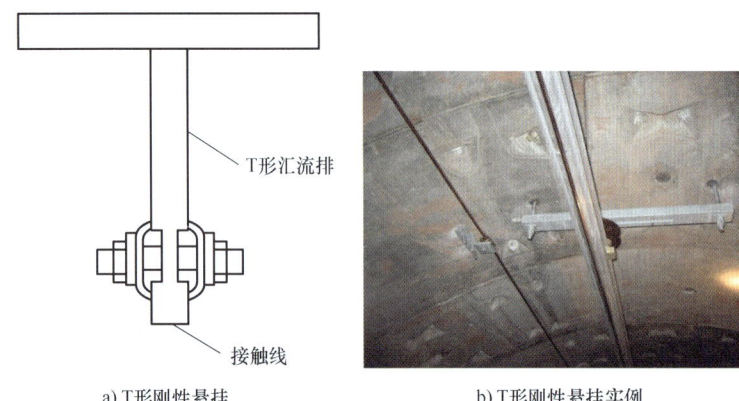

图 5-11 T 形刚性悬挂接触网

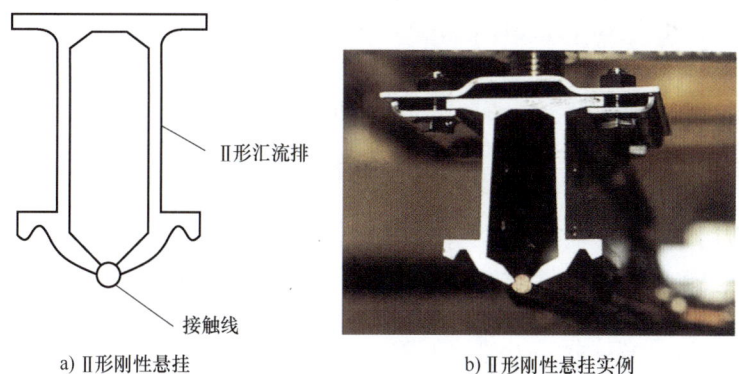

a) Ⅱ形刚性悬挂　　　　　　　　b) Ⅱ形刚性悬挂实例

图 5-12　Ⅱ形刚性悬挂接触网

2. 接触轨式接触网

接触轨是沿着走行轨道一侧平行铺设的附件第三轨，故又称第三轨。电动列车组通过转向架上伸出的受流装置（集电靴）从接触轨获取电能。接触轨根据受流方式可分为上部受流、下部受流和侧部受流三种形式，如图 5-13 所示。

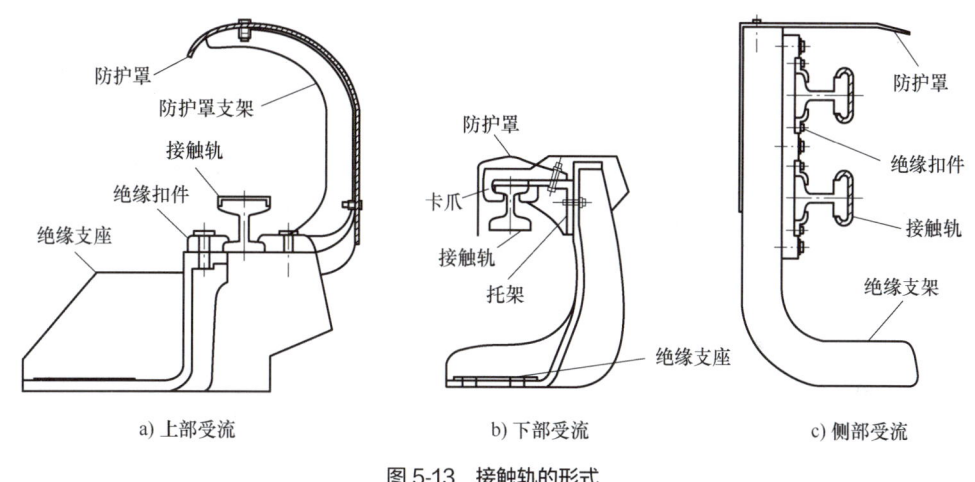

a) 上部受流　　　　　b) 下部受流　　　　　c) 侧部受流

图 5-13　接触轨的形式

接触轨多用于净空受限的地下线路，在地面线路也有少量应用。在我国城市轨道交通系统中，架空式接触网和接触轨式接触网均有采用。

> **📝 小知识**
>
> 架空式接触网的安装位置较高，一般情况下乘客及司乘人员不会碰到，安全性较高，所以当牵引网电压等级为 1500V 时宜采用架空式接触网。但对于地面线路，架空式接触网有可能对城市景观造成影响。接触轨式接触网的安装位置较低，有可能被人员碰到而发生危险，所以一般用于空间受限的线路和 750V 电压等级牵引网，但随着防护技术的发展，在牵引网电压等级为 1500V 的线路中也有应用。

四、接触网的电分段

电分段是将接触网从电气连接上互相分开的装置，为了使接触网的供电具有安全、可靠和灵活性，接触网在区间和车站之间、车辆段和区间之间以及一些特殊线路的始端，如电动列车组上部设备检查线、试车段等，通常加设电分段。

电分段根据设置位置分为纵向电分段和横向电分段两种方式。纵向电分段指的是沿线路方向进行分段；横向电分段是在线路之间的分段，如在车辆段的各股道之间进行的分段等。

电分段通常用分段绝缘器来实现。分段绝缘器是对接触网进行电分段，受电弓能滑行通过的一种绝缘设备。分段绝缘器分为柔性悬挂单线分段绝缘器、柔性悬挂双线分段绝缘器、刚性悬挂单线分段绝缘器三种规格。目前，广泛采用环氧树脂分段绝缘器，其结构主要由环氧树脂绝缘板、铝合金导流滑板等部件组成。

> **扩展阅读**
>
> 接触网是地铁的"生命线"，一旦发生故障，轻则运营中断，重则引发危及乘客安全的事故。趁车辆都在地下运营期间，×××地铁接触网检修工急忙给停车场的接触网进行了一次"体检"。
>
> 接触网四班的检修工一共12人，全身穿绝缘鞋、荧光工服。"我们的工作是'三高'——高压、高空、高危，对身体素质的要求当然也高。"工班长×××说，他们每年都要体检，上岗前还得拿到高压电工证、登高证等一系列的接触网专业知识培训证书。
>
> 以调整导线高度（简称导高）为例，需要测定悬挂定位点处接触线距轨面的垂直高度。据介绍，在×××停车场接触网简单悬挂导高为5000mm，误差只能在30mm内，地下段要求更高，误差仅在5mm内。
>
> 高压电加上高空作业，两名检修队员只腰系一根安全绳，就像蜘蛛一样悬在高空，灵活地调整导线高度，调整后再用激光测量仪反复测量。每个定位点的检修周期为一年，不过1号线有一万余个定位点，轮番检修下来，每个检修队员都无法"偷得半日闲"。正是这些接触网检修工专业的技能知识、吃苦耐劳的精神，使得地铁列车安全、高效的运行。

任务四　电力监控系统的认知

任务目标

知识目标
熟悉电力监控的概念和作用。

技能目标
具有操作电力监控系统的能力。

素养目标
1. 培养学生严谨认真、遵章守纪的工作态度。
2. 培养学生在监控管理中精益求精的工匠精神。

> 知识课堂

一、电力监控系统的作用

电力监控（SCADA）系统实现在控制中心（Operation Control Center，OCC）对供电系统进行集中管理和调度、实时控制和数据采集。除利用"五遥"（遥控、遥信、遥测、遥调、遥视）功能监控供电系统设备的运行情况，及时掌握和处理供电系统的各种事故、报警事件外，还可利用该系统的后台工作站对供电系统进行数据归档和报表统计，以便更好地管理供电系统。

电力监控系统的作用主要有在线监控、经济调度、安全分析和事故处理等。通过电力监控系统，调度人员在控制中心可以实现对供电系统中各类变电所内的供电设备运行状态的监视、控制及数据采集，直观地了解电力设备的工作状况，确保城市轨道交通供电系统安全、可靠、经济的运行，其作用为：

1）在线监控当城市轨道交通供电系统正常运行时，调度管理人员通过电力监控系统对供电系统的电压、潮流、负荷、设备运行状态及各项工况指标进行监视和控制，以保证供电质量满足用户的用电要求。

2）经济调度在实现对供电系统安全监控的基础上，电力监控系统根据供电系统的各类运行参数，对系统进行经济调度，以达到降低损耗、节约电能的目的。

3）安全分析和事故处理对供电系统发生事故之前、之后或事故发生时的信息要进行及时的采集、分析和处理，以缩小事故范围。根据历史数据记录和分析，提供事故处理对策和相应的监控手段，尽量在事故发生前做出预警和干预，避免事故发生或减小事故范围，及时处理已发生的事故，以减少事故造成的损失。

二、电力监控系统的一般要求

1）电力监控系统在控制中心设置电力调度中心。单独建立的电力监控系统必须在控制中心设置一套中央监控系统，采集各变电所的"三遥"（遥测、遥信、遥视）信息，实现对全线供电系统的远程监控。当电力监控系统集成于综合监控系统时，电力调度中心由综合监控系统统一设计。

2）中央监控系统的构成方式应该保证系统运行的可靠性，独立建设电力监控系统时，系统中的关键设备如系统服务器、前置数据处理机、交换机等要进行冗余配置。

3）为了满足电力调度中心与变电所值班、维护人员的通信需求，在电力调度中心须设置电力调度电话总机，在各变电所内设电力调度分机。主变电所根据当地电力部门的要求装设与上级电力管理部门联系的调度电话。

4）电力监控系统的通信通道必须进行冗余设置，主、备用通信通道应支持手/自动切换功能。在满足通信速率不低于相关规范的要求下，通信接口类型可以选择串口或以太网等。

5）全线各变电所设置变电所综合自动化系统，各变电所综合自动化系统均可以脱离控制中心独立运行。变电所综合自动化系统为分层、分散式结构。根据设备功能，自动化系统分为间隔设备层、网络通信层、站级管理层。

6）如果变电所无人值守且经济条件许可，可在变电所内的主要设备间中设置闭路电视监控装置，在控制中心设置图像监视终端，以实时监视变电所内的情况。

7）电力监控系统软、硬件属于国内成熟产品。因此在选择产品上应该优先选用技术成熟、功能完善、性能优越、国内领先的产品，设备选型应立足于国产化设备。

8）各级监控网络及系统设备应满足电磁兼容的各项标准和要求。

9）如果所建设的工程有远期延伸计划，则系统设计时应适度预留远期扩展裕量。

三、电力监控系统的构成

电力监控系统既可独立建设，也可集成于综合监控系统，目前后者应用比较广泛。虽然两种类型的电力监控系统在结构上有一定区别，但其基本结构是类似的，都是由电力调度中心主站系统、变电所综合自动化系统、通信信道和供电复示系统组成。

（1）电力调度中心主站系统 电力调度中心主站系统可采用客户/服务器网络结构，通过以太网形成计算机监控网络，配置专用服务器，采用双机冗余工作方式并具有软硬件自诊断功能。

电力调度中心主站系统作为全线电力监控系统的中心可将全线各变电所自动化的信息汇集到实时数据库中，支持各电力操作站的监管功能，支持全线供电电力监控功能，并完成历史数据的处理与存储功能。

（2）变电所综合自动化系统 变电所综合自动化系统通过通信信道与电力调度中心进行通信，接受调度中心的控制命令，向调度中心主机传送变电所操作、事故、预告、测量等信息。但变电所综合自动化系统的运行不依赖于中央监控系统，在通信故障时，变电所综合自动化系统可以脱离控制中心独立运行。

（3）通信信道 电力监控系统的通信信道一般由城市轨道交通通信系统统一组建，电力监控系统向通信系统提出通道要求。当通信系统难以为电力监控系统提供通信通时，电力监控系统需要建设独立的通信信道。

（4）供电复示系统 供电复示系统通过电力调度中心主站系统采集全线供电系统的各类信息，用于供电系统维护人员监视、统计各类设备的运行数据。

项目六

城市轨道交通通信与信号系统的认知

学习导入

城市轨道交通通信系统是指挥列车运行、公务联络、传递各种信息的重要手段，是保证列车安全、快速、高效运行必不可少的综合通信系统。城市轨道交通信号系统是城市轨道交通调度指挥和运营管理的中枢神经，为确保列车的运行安全和提高行车效率起着重要作用。通过本项目的学习，学生能够对城市轨道交通的通信与信号设备有比较全面的了解，为从事城市轨道交通运营指挥和通信信号设备维护等工作提供了坚实保障。

任务一　城市轨道交通通信系统的认知

任务目标

知识目标
1. 了解通信系统基础知识。
2. 了解通信系统在城市轨道交通中的发展和应用。

技能目标
具有识别各城市轨道交通通信系统的能力。

素养目标
1. 培养学生沟通交流与团队合作的意识。
2. 培养学生卓越的工匠精神与品质。

知识课堂

一、通信系统基础知识

通信是指信息的传输与交换。通信是由通信系统来实现的，通信系统将信息从发送者传递到另一个时空点的接收者。通信系统可以抽象概括为图6-1的基本模型。

通信系统是由信号源（信源）、发送设备、信道（或传输介质）、噪声源、接收设备和信宿（受信者）等组成。

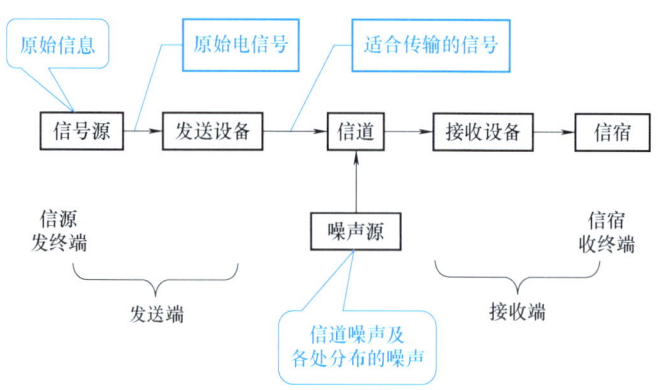

图 6-1 通信系统的基本模型

（1）信号源　信号源将信息信号转换为原始电信号（或基带信号）。

（2）发送设备　发送设备的基本功能是将信源和信道匹配起来，即将信源产生的消息信号变换成适合在信道中传输的信号。

（3）信道　信道是指传输信号的物理媒介。有线信道可以是明线、电缆或光纤；无线信道可以是大气等。有线信道和无线信道均有多种物理媒介。

（4）噪声源　噪声源是通信系统中各种设备及信道中所固有的，是人们所不希望的。噪声的来源是多样的，可以分为内部噪声和外部噪声，而且外部噪声往往是从信道引入的。

（5）接收设备　接收设备的基本功能是完成发送设备的反变换，即进行解调、译码、解码等，从带有干扰的接收信号中正确恢复出相应的原始基带信号。

（6）信宿　信宿是传输信息的归宿点，其作用是将复原的原始基带信号转换成相应的信息。

二、通信系统在城市轨道交通中的发展和应用

在城市轨道交通通信系统的发展应用过程中，主导和引领整个通信系统发展的是传输子系统，应用在城市轨道交通通信系统的有 PDH（准同步数字系列）、SDH（同步数字系列）、ATM（基于异步转移模式）、OTN（开放式传输网络）、IP 网等传输制式。

20 世纪 90 年代初，我国修建的上海地铁和广州地铁，采用的是 PDH 传输子系统。PDH 传输子系统的特点是带宽资源有限，不能传输视频信息，只能满足地铁运营基本的语音信息和数据信息的传输要求。在早期的地铁子传输系统中，为了满足传输视频信息的要求，需要单独架设用于视频的通信线路。

随着电信技术的发展，应用于城市轨道交通传输子系统的技术也有更多选择的技术方案，如 SDH 传输技术、ATM 传输技术、OTN 传输技术以及千兆位以太网等。

三、对城市轨道交通通信系统的要求

城市轨道交通通信应适应城市轨道交通运输效率，保证行车安全，提高现代化管理水平和传递语音、数据、图像和文字等各种信息的需要，做到系统可靠、功能合理、设备成熟、技术先进、经济适用。

任务二　城市轨道交通通信系统的组成

任务目标

知识目标
1. 掌握城市轨道交通传输子系统的结构和功能。
2. 掌握城市轨道交通电话子系统的结构和功能。
3. 掌握城市轨道交通广播子系统的结构和功能。
4. 掌握城市轨道交通时钟子系统的构成及功能。
5. 掌握城市轨道交通闭路监视子系统的构成及功能。

技能目标
1. 具有各城市轨道交通通信系统日常维护的能力。
2. 具有各城市轨道交通通信系统故障检修的能力。

素养目标
1. 培养学生安全生产、遵章守纪的工作意识。
2. 培养学生爱岗敬业、吃苦耐劳、甘于奉献的职业素养。

知识课堂

一、城市轨道交通传输子系统

城市轨道交通传输子系统是城市轨道交通通信网的基础，要求具有高可靠性和丰富的业务接口。传输子系统是一个具有承载语音、数据及图像的多业务光纤传输网络，它承载的业务包含公务电话中继、无线基带信号、调度电话、视频信息、广播信息、时钟子系统、乘客信息、通信各子系统的监控信息、列车控制（ATS）信息、自动售检票（AFC）信息、综合监控（ISCS）、计算机网络管理信息系统（CNIS）等。

1. 传输子系统概述

为满足城市轨道交通通信各子系统、信号、电力监控、防灾、环境与设备监控等系统各种信息传输的要求，应建立以光纤通信为主的传输子系统网络。传输子系统宜采用光同步数字系列传输设备或其他宽带光数字传输子系统，同时又能满足各系统接口的需求。

2. 传输子系统的组成

传输网络一般包括 4 个基本组成部件：构成系统骨干的光纤、网络节点、用户接口卡和网络管理系统，如图 6-2 所示。

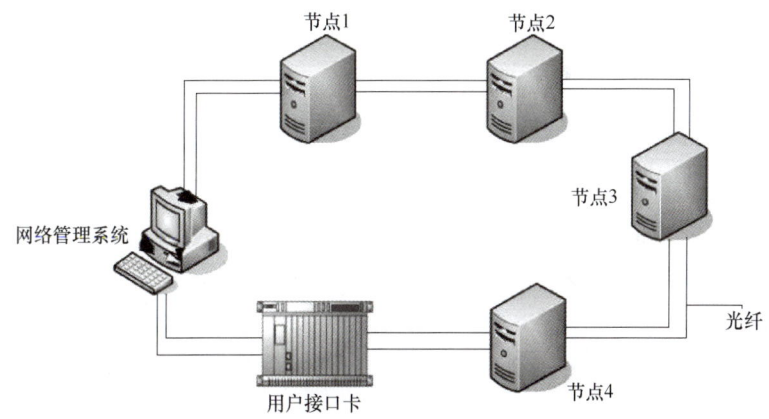

图 6-2　传输网的基本组成

1）贯穿整个网络的传输介质包括光纤和电缆。短距离连接可使用电缆或多模光纤和 LED 光源；长距离只能使用单模光纤，以保证可靠性。

2）网络节点是用户访问网络、使用网络的途径，为用户接口卡提供电源，接收用户接口卡信息并发送到光纤网络，接收光纤网络信息并传送到用户接口卡。

3）用户接口卡是用户接入系统的硬件工具，使自身系统无限向外延伸。它有硬件和软件两种形式：硬件，即通过卡板自身跳线和微动开关实现；软件，即通过网络中心实现。

4）网络管理系统基于主流、成熟的操作系统和友好的操作界面，对传输网络进行配置、扩展、管理和维护。

3. 网络的拓扑结构

城市轨道交通系统传输网络的首选逻辑拓扑是双环结构，因为这种拓扑结构在故障情况下可提供更好的系统恢复能力。当然，根据用户的实际应用需求，传输网络也可以设置为菊花链结构。图 6-3 为城市轨道交通中应用较普遍的双环结构。

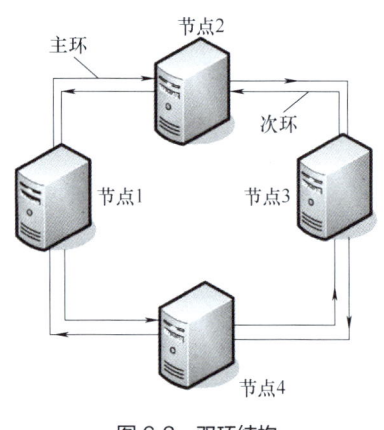

图 6-3 双环结构

当传输网络设置为双环结构时，系统的光纤环路是闭合的，一旦闭合的光纤环路在某种情况下出现开路状态，如光纤破损或光纤连接头松脱等，系统可以采取回环（Loopback）的方式对此事件做出反应，使信息流避开故障点，并自动向系统提交故障信息报告。双环路的逻辑拓扑能保证高质量的服务，可为用户提供高度可靠、有效的网络。采用双环路逻辑拓扑的系统能自动地修复网络多种故障。

> **扩展阅读**
>
> 地铁的车地通信，即在列车高速运行过程中，把车载数据向车站、车辆段、停车场等属地进行及时传输，以实现地铁运营方对乘客状况、列车设备及运行状态、隧道及弓网等情况的监测。相比以前，2019 年 5 月，深圳地铁试行了全球首例地铁 5G 超宽带车地无线通信。
>
> 目前，地铁的每一节车厢都搭载了多个摄像头，车载数据都需要下传到地面，而其中的视频录像所占容量最大。之前，受技术制约，车载数据基本无法实现及时下传，只能储存在车上的硬盘中，待列车下线后再由人工上车拷贝。不但耗时耗力，可靠性和实时性也无法保障，直接影响地铁调度快捷、流畅地查看列车监控，也成为地铁运维效率提升的限制瓶颈。现在，短短 150s 内，列车上 8 节车厢共 40 个高清摄像头带来的监控视频、设备监测等高达 25GB 的车载数据，便可通过部署在列车和车站的 5G 车地设备完成自动传输。
>
> 5G 技术就如同打开了一扇门，地铁运营生产中所有涉及数据传输的工作，都可以利用它达到一个全新的高度，也可延伸到多个智慧地铁场景的应用。

二、城市轨道交通电话子系统

1. 公务电话

在城市轨道交通系统中，公务电话系统作为专网进行网络构建，以满足对内和对外的语音通信需求。公务电话子系统由程控电话交换机、自动电话、传输子系统提供的数字中继线路及其附属设备组成，主要用于各部门间进行公务通话及业务联系。

2. 专用电话

城市轨道交通中的专用电话系统包括调度、站内、站间和轨旁（区间）电话。

（1）调度电话　城市轨道交通调度电话为城市轨道交通的调度人员提供专用的单键直通电话，并具有单呼、组呼、全呼、会议、紧急呼叫、强拆、强插等特有的功能。调度电话子系统是为控制中心调度员组织、指挥所管辖范围内车站值班员而设置的一种专用通信系统。

① 调度电话的功能。OCC 各调度之间可直接通话，各分机间不允许通话，必需的分机间通话需要由调度台转接。调度员可呼叫和应答某个被调用户，也可以呼叫和应答多个被调用户。调度员可通过紧急呼叫方式急呼被调用户，并可启动广播子系统，寻找被调用户。多台调度机可以互联，组成无级或多级的自动数字调度网。调度台配会议电话终端，可召集电话会议，参加会议方由调度台设置，调度台指定会议成员发言，会议成员可提出发言请求。调度台设定告警等级及报警方式、清除告警。调度机公共部分冗余设备能自动监测、故障时自动切换。调度台配有录音接口，可以接录音设备，记录调度员与分机、调度员之间的通话。

② 调度电话子系统的组成。调度电话子系统由调度总机、值班台和调度分机组成，并通过传输子系统电缆相连。调度电话子系统的组成如图 6-4 所示。

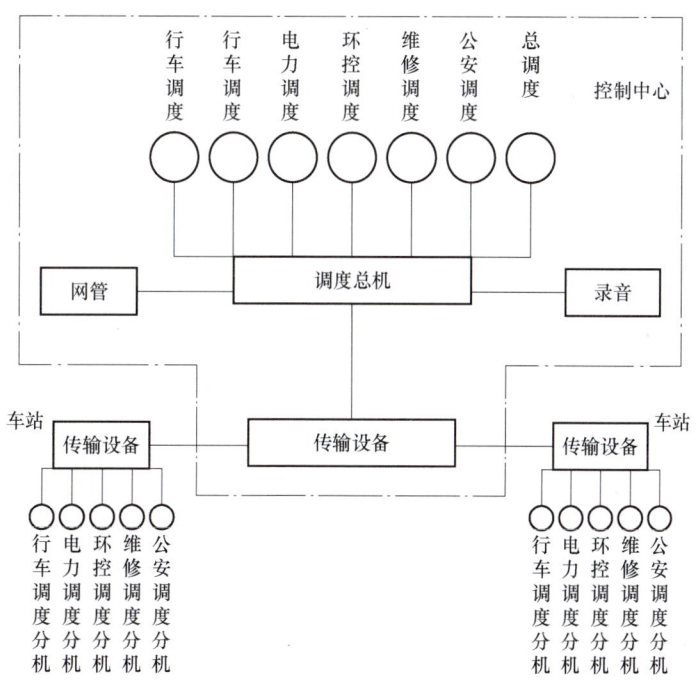

图 6-4　调度电话子系统的组成

（2）站内电话　在车站内的站厅、站台、售票厅、客服中心和车控室等不同的工作地点和工作人员通常会有频繁的通信联系，若这些车站内通信通过公务电话，一则会加重公务电话交换机和传输子系统的负荷；二则拨号连接的方式不适合站内通信，所以在车站内部配置相对独立的电话交换系统。站内电话可以用普通拨号方式建立连接，各分机与车站值班台采用热线通话方式，分机间的通话由车站值班室转接，热线方式比较常用；此外，还有延时热线方式，分机摘机后等待5s不拨号即呼叫车站值班室，若摘机后5s内拨了其他号码则与其他分机通话。

（3）站间电话　站间电话是供相邻车站值班员之间联系的直通电话，行车电话的任何一方摘机即可与对方通话；站间行车电话通话范围局限于两个车站值班员之间，不允许越站通话。

（4）轨旁电话　轨旁电话是为系统运营和维护及应急需要，安装在隧道里的电话，它是列车司机和维修人员在紧急情况下及时联系车站及相关部门的一种手段。

三、城市轨道交通广播子系统

广播子系统作为城市轨道交通运营行车组织的必要手段，具有快速响应的能力。城市轨道交通系统中广播子系统按设备安装的地点可分为两部分：一部分为地面广播，另一部分为车载广播。

地面广播的作用是对乘客进行广播，通知列车到站和离站的信息，或者播放音乐以改善候车环境，或在发生意外情况时疏导乘客。对乘客广播的播音范围主要是站台层和站厅层。地面广播的另一个作用是对工作人员进行广播，其播音范围为办公区域、站台、站厅、隧道及车辆段范围内，以便发布与行车有关的信息，使相关工作人员协同配合工作。

车载广播的主要作用是给乘客发布到站信息及播放一些背景音乐，同时在紧急情况下向乘客播放信息。

1. 地面广播

（1）地面广播系统的结构　城市轨道交通地面广播系统采用二级广播控制方式，由控制中心一级和车站一级组成，如图6-5所示。城市轨道交通车站广播区分为上行站台、下行站台、售票区、站厅、出入口和办公区等。广播系统具有优先级，即控制中心调度员的优先级高于车站值班员；根据运营防灾抢险的需要，控制中心的环控调度员具有最高优先级。

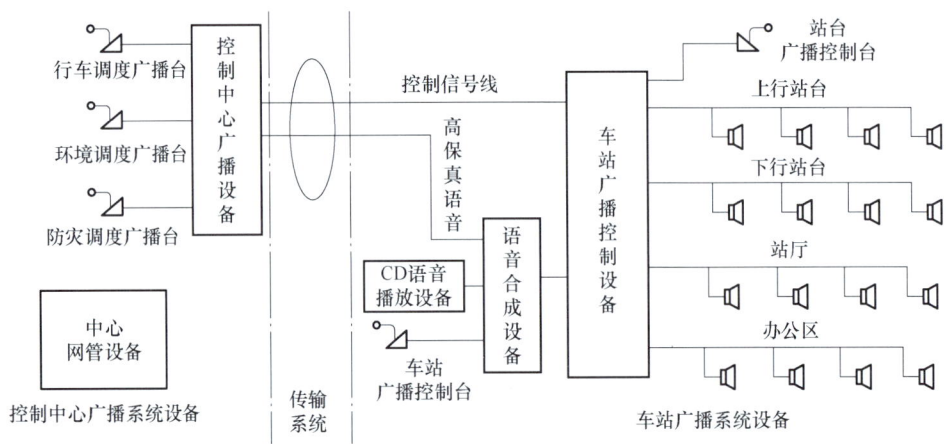

图6-5　地面广播系统

（2）地面广播系统设备组成　车站广播系统主要由车控室广播台（话筒）、车站广播设备、扬声器等设备构成。车控室广播台配有带控制键盘，可以对本站范围内的广播区进行选择和播音；车站广播设备具有接口控制功能和信号放大功能；扬声器作为广播终端设备将广播信息传递到选定的区域。

控制中心广播系统主要由行车调度广播台、电力调度广播台、环控调度广播台和控制中心广播设备（控制器、语音信号处理器等）组成。

2. 车载广播

车载广播系统有两种模式：一种是为地面上行驶的列车设计的；另一种是为隧道内行驶的列车设计的。

（1）地面列车车载广播系统　由于列车行驶在地面，车上可接收到 GPS 定位信号，车载广播一般采用 GPS 接收机定位触发，实现自动广播方式，其系统设备由 GPS 接收机、车载广播控制设备和车厢扬声系统组成，如图 6-6 所示。

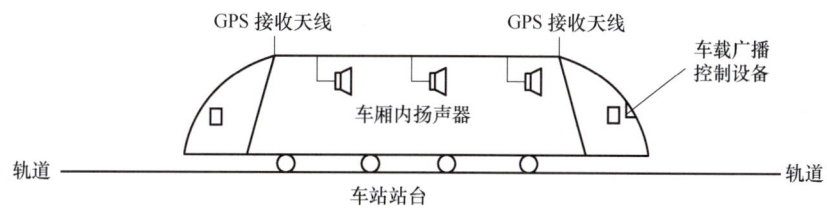

图 6-6　地面列车车载广播系统

（2）隧道列车车载广播系统　城市轨道交通内的列车一般行驶在隧道内，无法接受 GPS 定位信息，需要通过轨道电路触发设备来实现自动播发广播信息的功能。隧道列车车载广播系统设备由轨道电路触发设备、车载接收设备、车载广播控制设备和车厢扬声系统组成，如图 6-7 所示。

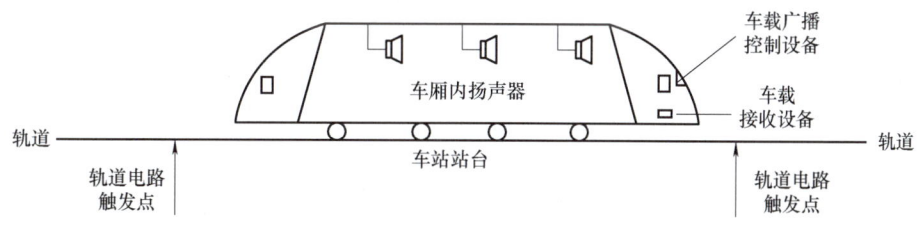

图 6-7　隧道列车车载广播系统

四、城市轨道交通时钟子系统

时钟子系统作为城市轨道交通通信系统的一部分，在城市轨道交通运营过程中为工作人员、乘客及全线机电系统提供统一的标准时间，使全线各机电系统的定时设备与时钟子系统同步，以保证城市轨道交通列车安全、准时、可靠的运行。

1. 时钟子系统的功能

时钟子系统提供全线统一的时间基准，由设置在全线各站、车厂的指针式和数字式子钟显示，为乘客和工作人员提供包括年、月、日、星期、时、分、秒等的准确时间信息。

时钟子系统在控制中心可向其他通信子系统、ATS、SCADA、FAS、AFC 系统等相关系统设备提供准确、统一的时间信息。

2. 时钟子系统的组成

时钟子系统由中心母钟、监控终端、二级母钟及子钟构成,如图 6-8 所示。

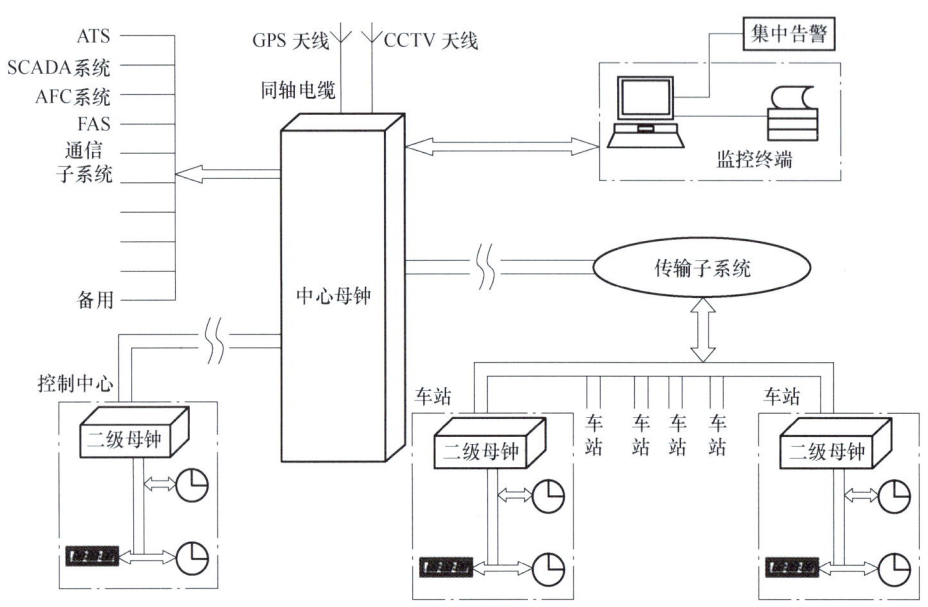

图 6-8 时钟子系统的组成

(1) **中心母钟** 中心母钟也称为一级母钟,其主要功能是作为基础时钟系统,它的时间依靠接收外部同步时标信号(GPS 时钟作为主用时钟、CCTV 时间信号作为备用时钟)来进行校准,以免产生累积误差,外部同步时标信号采用 GPS 接收机接收卫星时标信号,对自身时钟进行校准,从而消除累积误差。当接收外部同步时标信号的装置出现故障时,一级母钟将利用自身的高稳定度晶振产生的时钟信号驱动二级母钟正常工作,并向时钟网管设备提供告警信息。当外部时间信号设备恢复时,一级母钟将自动跟随。

(2) **二级母钟** 二级母钟一般设置在各车站、车辆段、停车场的通信设备用房内,通过传输信道接收控制中心母钟发出的时标信号,产生并输出时间控制信号,用于驱动本站所有的子钟。同时,二级母钟向控制中心一级母钟回送各站二级母钟及子钟的运行状态信息。二级母钟预留系统检测数据接口,以便接入便携式终端进行设备维护管理。

(3) **子钟** 子钟接收二级母钟发出的时标驱动信号,进行时间信息显示,一般分为数字式子钟和指针式子钟。子钟一般设置在车站的站台、站厅及办公场所等,通常在办公区安装较小尺寸的子钟,在站厅及站台等公共区安装较大尺寸的子钟,如图 6-9 所示。

(4) **监控终端** 监控终端能够实时检测整个时钟子系统的运行状态,可进行故障管理、性能管理、配置管理、安全管理、报表统计等集中维护功能,并可向网管设备提供故障信息,实现集中告警功能。

3. 城市轨道交通时钟子系统的组网模式

城市轨道交通时钟子系统有两种常见的组网模式:时钟子系统单独组网模式、时钟子系统与乘客引导系统混合组网模式。

a) 数字式子钟

b) 指针式子钟

图 6-9　子钟

五、城市轨道交通闭路监视子系统

闭路电视监视（CCTV）子系统作为一种图像通信系统，具有直观、实时的动态图像监视、记录和跟踪控制等独特功能，是通信指挥系统的一个重要组成部分。因其具有独特的指挥和管理功能，已成为城市轨道交通实现自动化调度和管理的必备设施，并可实现对地铁重点区域、要害区域和易发案场所进行有效防范，既确保地铁运营生产安全，又威慑犯罪分子，减少所辖公共场所的发案，并可通过提取分析录像资料为案发后的侦查破案工作提供重要线索。

1. CCTV 子系统的功能

CCTV 子系统的功能包括运营调度图像辅助指挥和公共安全管理。

（1）运营调度图像辅助指挥　运营调度控制中心在实施列车调度、运营管理和防灾控制指挥中，借助 CCTV 子系统实时直观地了解线路运营情况和事故灾害信息，使调度控制指挥人员能够在管理事件的第一时间获取事件现场实时的直观图像资料，从而能及时做出控制反应。同时，调度控制人员能够操控 CCTV 子系统的前端摄像机云台（公安用摄像机除外）和图像记录设备，跟踪事件的场景区域，掌握事件演进过程并记录事件现场图像，以备日后查阅和分析。

（2）公共安全管理　公安指挥中心值班人员可以任意操控调看各车站各摄像机（运营用摄像机除外）、云台和图像，以巡检和跟踪各车站现场场景，及时了解全线安全情况，发现治安事件，判断事件性质和规模，从而实施快速反应和高效指挥。公安指挥中心值班人员可以对重点场景图像或事件现场图像进行不间断记录，以备日后查询和分析历史资料。

2. CCTV 子系统的结构

CCTV 子系统主要由摄像机（包括云台）、监视器、控制切换设备和传输网络等组成。

车站内部的控制信号可通过控制电缆传输；视频信号可通过视频同轴电缆传输。在站间传输时，控制信号可通过同步数字传输子系统提供的从控制中心至各车站的共线低速数据通道进行传输，而视频信号可通过数字图像传输方式进行传输，即将每个车站的多路视频信号分别经数字压缩编码处理后，通过同步数字传输子系统送至控制中心，控制中心数字交换控制模块筛选出多路压缩编码数字视频信号后进行视频解码，将还原后的视频信号送至相关调度台的各监视器上。用以上方式时，如果车站及每站所传的视频信号路数较多，将占用较大的带宽，这时可将所要监视的视频信号在网上传输，其余的信号在需要时切换进主干网中传输。

任务三　城市轨道交通信号系统的认知

任务目标

知识目标
1. 了解城市轨道交通信号系统的要求与特点。
2. 掌握城市轨道交通信号系统的组成及各部分的功能。

技能目标
具有识别各类城市轨道交通信号系统的能力。

素养目标
1. 弘扬优秀传统文化，培养学生的文化自信。
2. 培养学生爱岗敬业、勇于担当的职业素养。

知识课堂

一、城市轨道交通信号系统概述

1. 城市轨道交通信号系统的特点

城市轨道交通具有运量大、速度快、安全、准点、保护环境、节约能源和用地等特点。若要保证列车的安全运行，必须依靠可靠的信号系统来保障，它直接关系到城市轨道交通系统的运营安全、运营效率以及服务质量。信号系统已经成为城市轨道交通调度指挥和运营管理的中枢神经。城市轨道交通信号系统沿袭铁路的制式，但是又与铁路信号系统有一定区别，具有自身的特点。

（1）具有完善的列车速度监控功能　城市轨道交通日客运量大，行车间隔要远远低于铁路，要求较高。如莫斯科地铁的极限间隔约为90s，北京地铁的最小行车间隔可达到1min 43s。因此对列车运行速度监控的要求极高。

（2）数据传输速率较低　城市轨道交通的列车设计速度一般在80km/h或者100km/h，而一些特殊线路可能会更高一些，如北京地铁平谷线规划时速160km，大约是一般地铁速度的2倍。但是与铁路干线比起来，仍然要慢很多，所以信号系统可以采用速率较低的数据传输子系统。但是，随着城市轨道交通信号自动化技术的不断发展，对信息需求越来越多，信号系统也逐步采用速率较高且独立的数据传输子系统。

（3）车辆段独立采用联锁设备　城市轨道交通的车辆段类似于铁路区段站的功能，包括列车编解、接发列车和频繁的调车作业，线路较多，道岔较多，信号设备较多，一般独立采用一套联锁设备。

（4）联锁关系较简单但技术要求较高　城市轨道交通的大多数车站仅有上下乘客功能，没有配线，不设置道岔，甚至也不设地面信号机，仅在少数联锁站及车辆段才设置道岔和地面信号机，故联锁设备的监控对象远少于一般铁路车站，联锁关系远没有铁路复杂。通常一个控制中心即可实现全线的联锁功能。

如今，城市轨道交通信号系统已经发展成为综合的自动化系统，可以实现列车自动防护、列车自动驾驶、列车自动监控等功能，相应的技术难度也增加了。

（5）自动化水平高　由于城市轨道交通的线路长度短、站间距离短，列车种类较少，行车规律性很强，因此它的信号系统中通常包含自动排列进路和运行自动调整的功能，自动化强度高，人工介入极少。

（6）不要求兼容　城市轨道交通分线运营，对信号系统不要求互相兼容，即使是同一个城市的各线路所采用的信号系统也可以不一样。

2. 城市轨道交通信号系统的作用

（1）确保列车运行安全　城市轨道交通信号系统能够保证列车运行前方的轨道区段不被占用等条件满足时，列车安全运行。

（2）提高城市轨道交通的运行效率　城市轨道交通通过采用先进的信号系统，缩短列车行车间隔，提高行车密度，通过"小编组，大密度"，最大限度地发挥线路的运输能力，提高线路运输效率。

（3）降低工作人员的劳动强度　通过借助先进的城市轨道交通信号系统，列车能够实现自动排列进路、自动折返等，从而降低工作人员劳动强度，提高工作效率。

3. 城市轨道交通对信号系统的要求

（1）安全性要求高　城市轨道交通行车密度大、行车间隔小，尤其地下隧道部分空间相对较狭窄，一旦发生信号系统故障，排除过程难度很大，将极大影响列车的运行，给乘客出行带来不便，也会带来一系列的经济损失，因此，对信号系统的安全性提出了更高要求。

（2）通过能力大　城市轨道交通与铁路不同，不设站线，进站列车都是停在正线上，因为行车间隔很小，前后两列列车进站间隔也会很小，所以信号设备的设置要能满足较大通过能力的要求。

（3）保证信号显示　与铁路相比，城市轨道交通地面信号机少，尤其地下部分背景暗，且不受天气影响，直线区段瞭望条件好，但是曲线地段受隧道壁的遮挡，信号显示距离受到限制，所以保证信号显示也非常重要。

（4）抗干扰能力强　信号的稳定性对城市轨道交通的安全具有重要意义，直接决定着城市轨道交通系统的稳定性和安全性，也关联着城市轨道交通系统的指挥工作。但是，由于受到特殊环境的影响，信号极容易被干扰，所以提高信号系统的抗干扰能力具有重要意义。

（5）可靠性高　由于城市轨道交通隧道净空小，且装有带电的牵引接触轨或接触网，行车时不便维修和排除设备故障，所以要求信号设备具有高可靠性。

（6）自动化程度高　城市轨道交通具有行车密度大，行车间隔短，站间距短等特点，其地下隧道部分没有阳光，空气流通条件不好，环境潮湿，因此采用先进的自动化信号技术设备能有效地提高工作效率，降低设备故障率以及工作人员的劳动强度。

（7）限界条件苛刻　城市轨道交通信号系统的室外设备及相关车载设备受土建限界的制约，要求设备体积小，同时必须兼顾施工和维护作业空间的需求。

二、城市轨道交通信号系统的组成

城市轨道交通信号系统已经不是传统意义上的简单信号显示，而是完成行车控制、运营管理的综合自动化系统。城市轨道交通信号系统通常由列车运行自动控制（ATC）系统和车辆段信号控制系统两大部分组成，如图6-10所示，用于列车进路控制、列车间隔控制、调度指挥、信息管理、设备工况监测及维护管理。

列车自动控制（ATC）系统包括列车自动防护（ATP）、列车自动运行（ATO）、列车自动监控（ATS）三个子系统，简称3A。

1. ATC 系统

（1）ATS 子系统的主要功能　ATS 子系统是整个城市轨道交通系统的运营核心，在ATP、ATO 子系统的支持下完成列车运行状态的监督和控制，辅助调度人员对全线列车进行管理。其主要功能有进路控制、运行图管理、运行调整、仿真培训和旅客向导等。ATS 子系统的工作方式为集中管理、分散控制。ATS 子系统包括控制中心设备和轨旁 ATS 设备和车载 ATS 设备。

（2）ATP 子系统的主要功能　列车的速度监督和超速防护，通过实时的测速和测距，保证列车在安全速度下行驶，必要时给出各种信号的提醒，甚至自动启动紧急制动，同时还能对列车进行安全性停车点防护和列车车门控制，在列车没有停稳时不允许列车运行等。ATP 子系统包括车载 ATP 设备和轨旁 ATP 设备。

（3）ATO 子系统的主要功能　完成站间自动运行，进行列车速度调节和进站定点停车，对车门和站台门的控制，接受控制中心的运行调度命令，实现站台扣车、站台跳停等。使用 ATO 子系统可以使列车处于最佳的运行状态，明显提高了列车的正点率和乘客的舒适度。

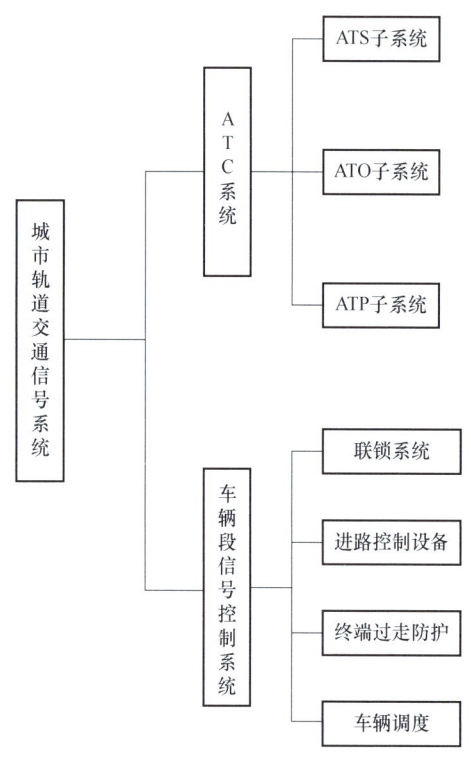

图6-10　城市轨道交通信号系统的组成

ATO 子系统包括车载 ATO 设备和轨旁 ATO 设备。ATO 子系统还包括一个双向通信子系统，是列车能够直接与车站内的 ATS 子系统的接口，保证实现最佳的运行控制。

> **小知识**
>
> （1）CBTC 系统　ATC 系统按照通信方式可以分为基于轨道电路的列车控制系统和基于通信的列车控制系统。基于轨道电路的列车控制系统又可以分为点式 ATC 模式、连续式 ATC 速度码模式和连续式 ATC 距离码模式。基于通信的列车控制（CBTC）系统现在广泛应用于城市轨道交通系统中，是一个安全的具有高可靠性、高稳定性的基于无线通信的列车控制系统。
>
> CBTC 系统通过无线通信方式来确定列车位置和实现车—地双向实时通信。CBTC 系统摆脱了用地面轨道电路设备判别列车占用和信息传输的束缚，实现了移

动闭塞。列车通过轨道上的应答器，确定列车绝对位置，轨旁 CBTC 设备根据各列车的当前位置、运行方向、速度等要素，向所管辖的列车发送"移动授权"，即向列车传送运行的距离、最高的运行速度，从而提高了区间通行能力，又减少了频繁减速制动，改善了旅客乘车舒适度，也提高了列车间运行的安全性。一般 CBTC 系统包括地面无线闭塞控制中心、列车车载设备、车—地双向通信传输子系统和列车定位系统。

（2）全自动驾驶（FAO）系统 根据国际公共运输联合会（UITP）的定义，列车自动运行等级（GOA——Grades of Automation）分成五级，最低等级 GoA0 级指目视运行，主要是路面电车和轻轨，最高等级 GoA4 级指无人看守运行。对于 GoA2 级及以上的系统都需要配备 ATO 装置，目前我国绝大多数地铁都运行在 GoA2 级。在我国把 GoA3 和 GoA4 级定义为全自动驾驶（FAO）。全自动驾驶技术可以全自动实现地铁列车的休眠、唤醒、准备、自检、自动运行及停止，并可进一步实现开关车门和突发事件的处理，甚至包括洗车也能在无人操作的情况下完成。全自动驾驶技术不仅能提高城市轨道交通的运营效率，降低运营成本，而且可靠性更高，是未来城市轨道交通发展的必然趋势。目前北京机场快轨、广州 APM 线、上海地铁 10 号线、8 号线，北京燕房线均实现了全自动无人驾驶，如图 6-11 所示。

采用全自动驾驶列车的香港南港岛线开通庆典仪式于 2016 年 12 月 19 日在香港南港岛线海洋公园站举行。这是由中车长客股份公司自行研发制造的我国第一个正式运营的 GoA4 等级全自动驾驶地铁车辆。此项技术代表了机械、电子、电气及控制技术在城市轨道交通车辆应用中的最高水平，也是目前为止世界最高水平的全自动驾驶技术产品，是中车长客在城市轨道交通设计制造领域的又一突破，完全拥有自主知识产权的列车。据悉，南港岛线全线共 10 列车（30 辆），列车可实现真正意义上的自动控制，包括自动唤醒、自动运营、自动故障诊断及自动清洗功能。车厢最大特点是无驾驶室，增加列车两端开放式空间，让乘客享受特别的乘坐体验。

图 6-11　中国内地首条全国产化无人驾驶线路——燕房线

2. 车辆段信号控制系统

信号一体化是先进的车辆段控制系统的一大特点，包括联锁系统、进路控制设备、接近通知、终端过走防护和车辆调度等，这些设备由局域网连接并经过光缆与调度中心相通。列车的整备、维修与运行相互衔接成一个整体，保证了城市轨道交通的高效率和低成本。

车辆段设有一套联锁设备，用以实现车辆段的进路控制，并通过 ATS 车辆段分机与行车指挥中心交换信息。

任务四　城市轨道交通信号系统基础设备的认知

任务目标

知识目标
1. 了解城市轨道交通信号系统基础设备有哪些。
2. 掌握各信号基础设备的基本组成和功能作用。

技能目标
具有按照规范填写日检表、月检表、年检表、故障记录表、备品备件更换表等报表的能力。

素养目标
培养学生安全生产、遵章守纪的工作意识。

知识课堂

城市轨道交通信号系统的基础设备主要包括核心设备和辅助设备两部分。核心设备有信号机、继电器、转辙机和轨道电路；辅助设备有计轴器和应答器。这些都是城市轨道交通的重要基础设备。

一、信号机

城市轨道交通采用色灯信号机或 LED 信号机，现在多采用 LED 信号机。在结构上其与铁路信号机基本相同，但是在设置要求、显示意义以及显示距离方面与传统铁路却不尽相同。城市轨道交通一般采用地面信号与车载信号相结合，以车载信号为主、地面信号为辅的运用方式。除了车辆段和有岔站，一般不设地面信号机。绿色灯光和黄色灯光也不表示列车的运行速度，而是代表列车的运行进路是走道岔直股还是曲股。

扫一扫

信号机

1. 信号种类

（1）**按照感官不同分为视觉信号和听觉信号**　视觉信号以信号灯的颜色或信号装置的位置变化来显示信号意义，如色灯信号机、信号旗、信号牌等；听觉信号以声音的多少、长短等方式来显示信号意义，如口笛、响墩、号角、机车鸣笛声。一般以视觉信号为主要信号，听觉信号为辅助信号。

（2）**按照是否可移动分为固定信号和移动信号**　固定信号是固定设置在规定位置的信号装置所显示的信号，如地面信号机等；移动信号是根据需要可以临时设置的信号装置所显示的信号，如信号牌、手提信号灯、信号旗等。一般以固定信号为主要信号，移动信号为辅助信号。

（3）**按照位置不同分为地面信号和车载信号**　地面信号为设置在线路附近供列车司机辨识的信号；车载信号为通过传输设备，将地面信号或其他方式传输信号直接引入车辆，并能显示的信号，

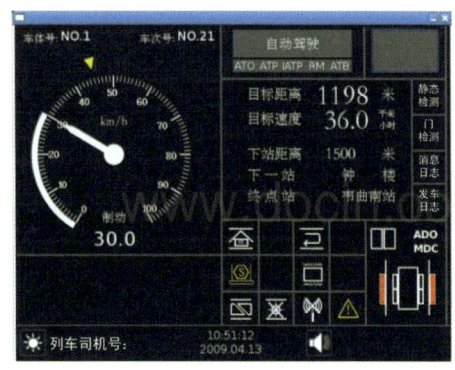

图 6-12　车载信号

如图6-12所示。城市轨道交通系统一般运用地面信号与车载信号结合，以车载信号为主的方式。

2. 信号机的设置

（1）信号机的设置原则

① 与传统铁路不同，城市轨道交通采用右侧行车制，地面信号设置在列车运行方向的右侧，与列车司机的驾驶位置相同，便于列车司机瞭望并确认信号。地下线路一般安装在隧道壁上，特殊情况下（如受其他建筑物或线路条件等影响）可以设置在列车运行方向的左侧或其他位置。

② 为了提高显示距离，方便观察，一般车辆段的进、出站信号机采用高柱信号机，如图6-13所示，而受空间限制的地下线路或显示距离要求不高时，一般采用矮柱信号机，如图6-14所示。

图6-13　高柱信号机

③ 信号机在安装时不得侵入设备限界。

④ 信号的显示和设置必须符合相关规定。

（2）正线上的信号机设置　城市轨道交通系统中，视正线车站有无道岔的具体情况设置信号机。

① 防护信号机。正线有道岔站为了防护敌对进路的列车相互冲突，在道岔前和道岔后的适当地点设置防护信号机，图6-15所示。具有出站性质的防护信号机应设引导信号，具有两个以上运行方向的信号机可设进路表示器。折返站的折返线出入口均设防护信号机。

图6-14　矮柱信号机

图6-15　防护信号机

> **小知识**
>
> 防护信号机采用三显示机构，自上而下灯位为：黄、绿、红，具体显示意义为：
>
> 1）红灯：禁止越过该信号机。
>
> 2）绿灯：进路开通并锁闭，道岔开通直向位置，允许列车按照规定速度越过该信号机进入区间。

3）黄灯：进路开通并锁闭，道岔开通侧向位置，允许列车按照规定速度（一般不超过30km/h）越过该信号机，运行至折返点。

4）红灯+黄灯：引导信号，允许列车以不超过25km/h的速度越过该信号机并随时准备停车。

② 进、出站信号机。车站一般不设置进、出站信号机，也可以根据需要设置或只设置出站信号机。出站信号机设置在车站出口，即列车由车站向区间发车处前方，作用是指示列车能否进入区间，防护区间安全。出站信号机灯光配列及显示含义与防护信号机相同。

③ 通过信号机。采用ATC系统的城市轨道交通，自动闭塞通过信号机已经失去主体信号的作用，一般在区间不设置通过信号机。为便于列车司机在ATP设备发生故障时能够控制列车运行，可以根据需要设置通过信号机。

> 📝 **小知识**
>
> 通过信号机同样采用三显示机构，自上而下灯位为：黄、绿、红，具体显示意义为：
> 1）红灯：禁止越过该信号机。
> 2）绿灯：前方至少有两个闭塞分区空闲，允许列车按照规定速度越过该信号机。
> 3）黄灯：前方只有一个闭塞分区空闲，列车减速通过并随时准备停车。

④ 阻挡信号机。设置在线路尽头，采用单显示机构，只有一个红灯，表示停车位置，如图6-16所示。

⑤ 发车表示器（列车出发计时器）。设置在出站方向站台一侧，列车停车位置前方。向列车司机指示时都可以关门、发车。

> 📝 **小知识**
>
> 发车表示器的显示意义如下：
> 1）白色闪光：距离发车还有5s，列车司机可以关门。
> 2）白色稳定灯光：可以发车。
> 3）无显示：不能关闭车门及发车。
> 不同路线的列车发车表示器的发车时间会有些不同，可能是倒计时"0"，也可能是其他数字，取决于规定。

（3）车辆段（停车场）信号机设置

① 出、入段/场信号机。车辆段/停车场入口处设置入段/场信号机，在车辆段/停车场出口处设置出段/场信号机，在同时能存放两列以上列车的停车线中间进段方向设置列车阻挡信号机（可以兼做调车信号机）。

进段/场信号机灯光配列同防护信号机，也可采用双机构（2个二显示）带引导机构、灯位自上而下为黄、绿、红、黄、月白。出段/场信号机灯光配列可同防护信号机。

② 调车信号机。车辆段/停车场的适当地点设置调车信号机，用以指示编组、解体、摘挂、取送等调车作业，防护调车进路的安全，如图6-17所示。

图6-16　阻挡信号机

图6-17　调车信号机

> **小知识**
>
> 调车信号机采用二显示机构，自上而下灯位为白、蓝（红），具体显示意义为：
> 1）月白色：允许越过该信号机进行调车。
> 2）蓝色（或红色）：禁止越过该信号机调车。

3. 信号显示距离

1）行车信号机和道岔防护信号机的显示距离应不小于400m。
2）调车信号机和道岔状态表示器的显示距离应不小于200m。
3）引导和道岔状态表示器以外的各种表示器的显示距离应不小于100m。

二、继电器

继电器是自动控制系统中常用的一种电磁开关，用于自动控制电路的接通和断开，是实现自动控制和远程控制的重要基础设备，城市轨道交通信号系统中也广泛应用继电器，继电器动作的可靠性直接影响城市轨道交通信号系统的可靠性和安全性。信号继电器主要包括直流无极继电器和整流式继电器。

1. 继电器的结构

继电器作为一种电磁开关，种类很多，结构形式也不同。但都是由接点系统和电磁系统两大部分组成。电磁系统有线圈、固定铁心、轭铁以及可动衔铁组成；接点系统由动接点和静接点构成。继电器电路由低压控制电路和高压工作电路构成，如图6-18所示。

2. 继电器的工作原理

当线圈通入一定的电流后，根据电磁原理，线圈中因为电流产生磁性，衔铁被吸引；当线圈中电流减少时，衔铁由于重力作用被释放。衔铁上的触点随着衔铁的动作，动触点与静触点接通或断开，从而实现对其他设备的控制，如图6-19所示。

三、轨道电路

轨道电路是城市轨道交通信号系统的重要基础设备之一，是由钢轨线路和钢轨绝缘构成的电路，用于自动、连续检测这段线路是否被机车车辆占用，也用于控制信号装置或转辙装置，以保证行车安全。它的性能直接影响行车安全和运输效率。

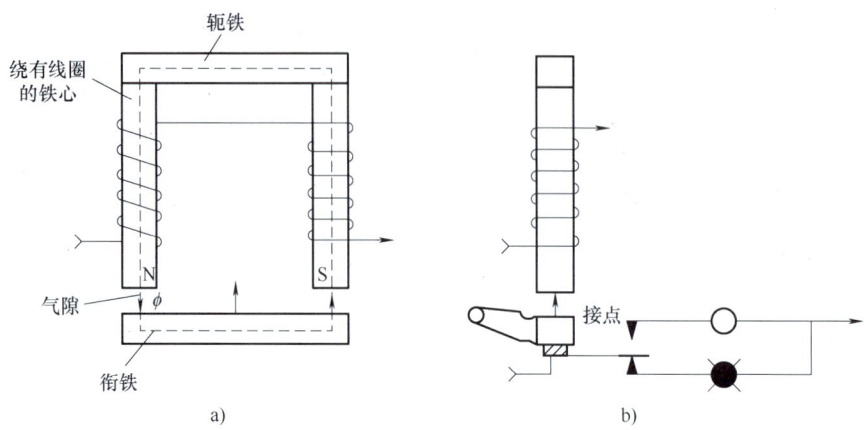

图6-18 继电器的结构

1. 轨道电路的组成

轨道电路是以一段轨道线路的两根钢轨作为导体，并用引接线连接信号电源和接收设备所构成的电气回路，这一段轨道称为轨道区段。它是由钢轨、钢轨绝缘、轨端接续线（减少两条钢轨接头处的电阻而增设的连线）、引接线（将设备接向钢轨所需的连线）、送电设备及受电设备等主要元件组成，如图6-20所示。

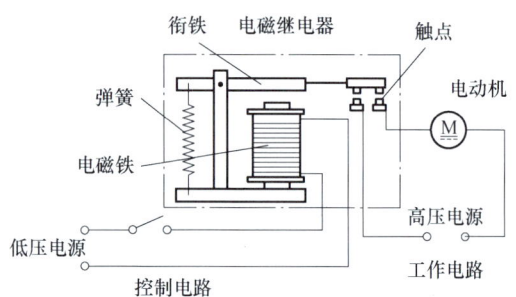

图6-19 继电器的工作原理

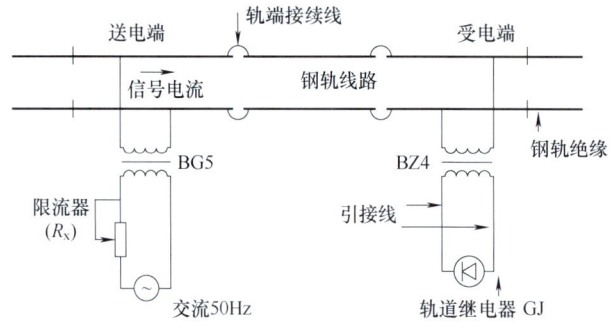

图6-20 轨道电路的组成

2. 轨道电路的工作原理

当设轨道区段空闲时，有足够的电流通过继电器，吸起被磁化的衔铁，前接点闭合，接通绿灯电路，显示绿色灯光，表示前方线路空闲，允许机车车辆占用。当该轨道区段被机车车辆占用时，由于轮对电阻很小，轨道电路被短路，继电器吸力减弱，释放衔铁，后接点闭合，接通红灯电路，显示红色灯光，如图6-21所示。

轨道电路的这一工作性能，能够防止列车追尾和冲突事故，确保行车安全。当充当导线的钢轨断裂时，通过轨道的电流被切断，继电器因供电不足而释放衔铁，接通红灯电路，也就是即使线路空闲，信号仍会因钢轨断裂而显示红灯，禁止列车通行，防止事故发生。

3. 轨道电路的作用

1）可以检查和监督股道是否占用，防止错误地办理进路。

2）可以检查和监督道岔区段有无机车车辆通过，锁闭占用道岔区段的道岔，防止在机车车辆经过道岔时扳动道岔。

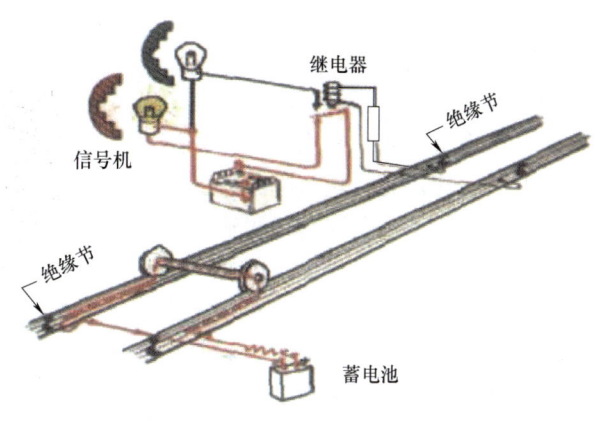

图 6-21　轨道电路的工作原理

3）检查和监督轨道上的钢轨是否完好，当某一轨道电区段的钢轨发生断裂时轨道继电器也将因无电而释放衔铁，显示红色信号，信号机关闭。

4）传输不同的信息，使信号机根据所防护区段及前方邻近区段被占用情况的变化而变换显示。

四、转辙机

转辙机是控制道岔尖轨动作的信号设备，用于改变道岔开通方向，锁闭道岔尖轨，并给出道岔状态的表示。转辙机除转辙机本身外，还包括锁闭装置和各类杆件及安装装置，它们共同完成道岔尖轨的转换和锁闭，如图 6-22 和图 6-23 所示。

> 📝 **小知识**　　　　**转辙机的作用**
>
> 1）转换道岔的位置，带动尖轨做直线往返运动，根据需要转换至定位或反位。
>
> 2）道岔转至所需位置且密贴后，实现道岔锁闭，防止外力导致尖轨移位。
>
> 3）正确地反映道岔的实际位置，道岔的尖轨密贴于基本轨后，给出相应的表示。
>
> 4）道岔被挤或因故处于"四开"（两侧尖轨均不密贴）位置时，及时给出报警及表示。

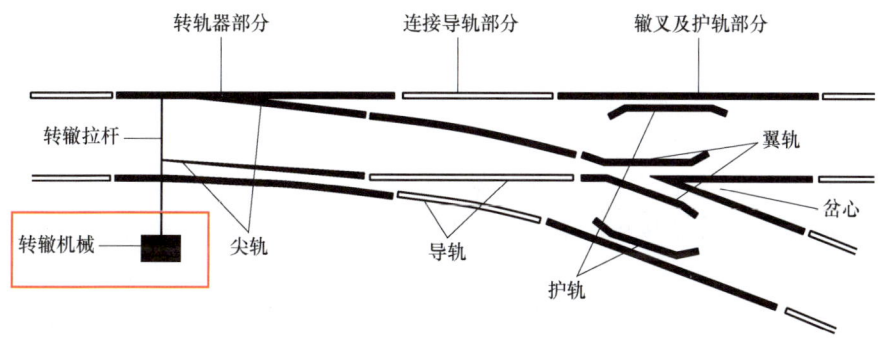

图 6-22　道岔结构示意图

五、计轴器

计轴器通过检测、比较进出轨道区段的列车车轮轮轴数,来判断相应轨道区段是否占用,其功能与轨道电路相似,都是用来检查区间是否有列车或车辆的检查监督设备。

与轨道电路相比,计轴器不受道床和轨道状态影响,具备检查长大区间的能力,但是计轴器却不能检查断轨,不能检查列车的具体位置,仅能检查区间占用情

图6-23 转辙机实物

况。在采用 CBTC 系统的线路,作为后备设备使用,当无线传输设备发生故障时,可用计轴设备检查列车的位置,构成"降级"信号。在 CBTC 系统正常使用的情况下,计轴器也向车控室及控制中心发送一些信息,供车控室和控制中心使用。

1. 计轴器的组成

计轴器由室内设备和室外设备两部分组成,室外设备有计轴传感器(又称磁头)和电子连接箱;室内设备有运算器、继电器等,或采用微型计算机构成计轴器主机系统 ACE。室外设备和室内设备通过传输线路——专用计轴线缆连接,如图 6-24 所示。

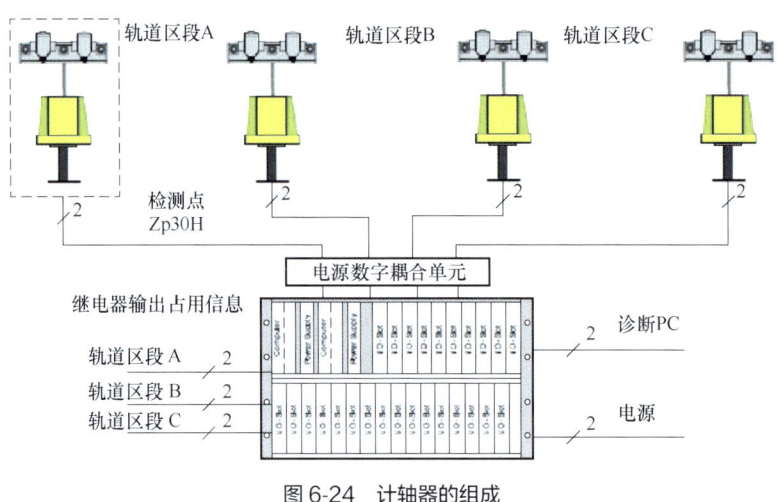

图6-24 计轴器的组成

2. 计轴器的工作原理

计轴器是利用轨道传感器(磁头)和计数器来记录和比较驶入和驶出轨道区段的轮轴数,来确定轨道区段的占用或空闲状态,其工作原理如图 6-25 所示。

当列车驶入轨道区段,列车车轮抵达轨道传感器 A 的作用区域,轮对经过轨道传感器磁头时将车轴脉冲经电子连接箱传送给室内计算机主机系统,由主机系统计算车轴数量,同时判明列车的运行方向,发出区段占用信息。当列车车轮抵达轨道传感器 B 的作用区域,轮对经过轨道传感器磁头时将车轴脉冲经电子连接箱传送给室内计算机主机系统,由主机系统计算车轴数量。列车全部通过轨道区段后,对轨道区段驶入点和驶出点所记录轴数进行比较,数量一致,表明该区段空闲,不一致,该区段仍处于占用状态。

项目六　城市轨道交通通信与信号系统的认知

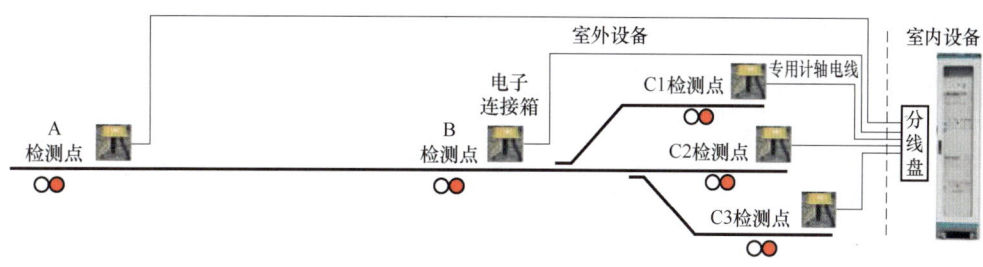

图 6-25　计轴器的工作原理

六、应答器

应答器又称"信标",最早是在上海轨道交通 1 号线的 ATC 系统采用。应答器是一种采用电磁感应原理构成的高速点式数据传输设备,实现地对车的数据传输。应答器安装于两个钢轨的中心枕木上,可以单个设置也可以按编组形式设置。应答器向列车控制系统车载设备传送线路基本参数、线路速度信息、临时限速信息、车站进路信息、道岔信息、特殊定位信息等,如图 6-26 所示。

1. 应答器的组成

应答器由地面设备和车载设备两部分构成。地面设备有可变信息(有源)应答器、固定信息(无源)应答器、轨旁电子单元(LEU);车载设备有查询主机、车载天线、天线电缆等。应答器设备如图 6-27 所示。

图 6-26　应答器实物

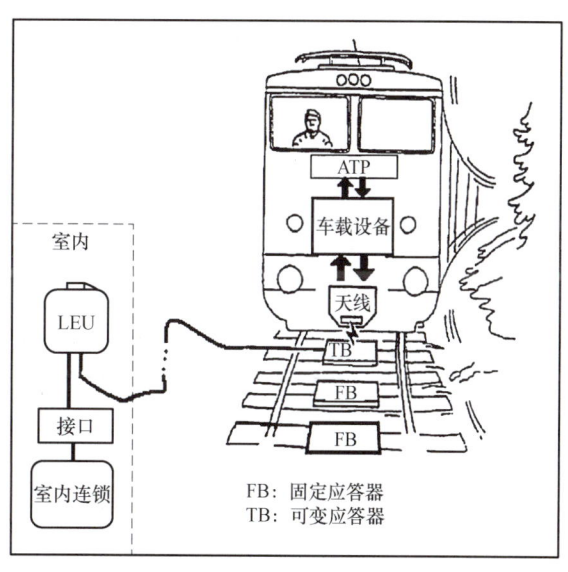

图 6-27　应答器设备

2. 应答器的分类

按照安装位置,应答器可分为中心安装式、侧面安装式和立杆安装式。按照供电来源,应答器可分为可变信息(有源)应答器和固定信息(无源)应答器。

(1)可变信息(有源)应答器　用于传输可变信息。可变信息应答器通过电缆与 LEU 连接,可实时发送 LEU 传送的数据报文。当列车经过可变信息应答器上方时,可变信息应答器接收到车载天线发射的电磁能量后,将其转换成电能,使地面应答器中发射电路工作,将 LEU 传输给可变信息应答器的数据循环实时发送出去,直至电能消失(即车载天线已经离去)。平常处于休眠状态。当与 LEU 通信故障时,可变信息应答器变为固定信息应答器工作模式,发送存储固定信息(缺省报文),如图 6-28 所示。

(2)固定信息(无源)应答器 用于传输固定信息,当列车经过固定信息应答器上方时,固定信息应答器接收到车载天线发射的电磁能量后,将其转换成电能,使地面应答器中的电子电路工作,把存储在地面应答器中的数据循环发送出去,直至电能消失(即车载天线已经离去),平常处于休眠状态,如图 6-29 所示。

图 6-28 可变信息(有源)应答器　　　　图 6-29 固定信息(无源)应答器

3. 应答器的工作原理

车载天线与应答器之间按电磁感应原理进行工作。应答器是利用电子感应理论在特定地点实现机车与地面间相互通信的数据传输装置。应答器可以简单地理解为一个数据存储器和发送器,当车载天线激活该应答器时,应答器发送自身存储的应答器报文或 LEU 传送的应答器报文。该报文给出了应答器的标识并给出线路数据库(TDB)的数据,尤其是该应答器中心点的地理位置,如图 6-30 所示。

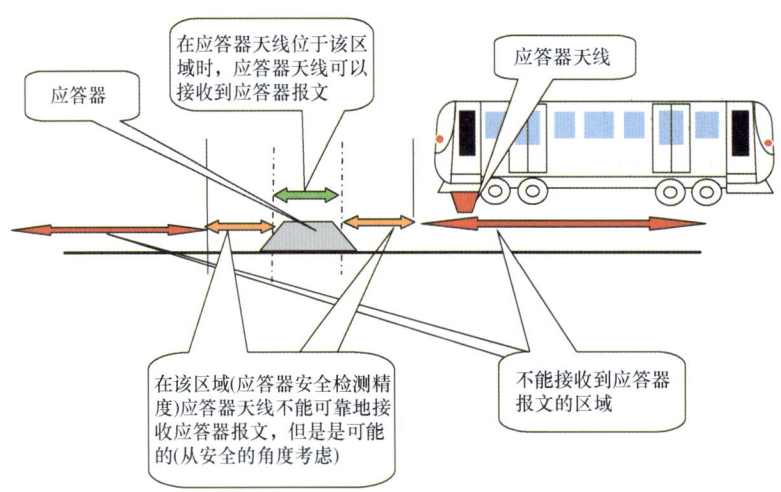

图 6-30 应答器的工作原理

无论是固定信息应答器还是可变信息应答器,其工作原理是一样的。当列车经过地面应答器上方时,应答器接收到列控车载设备点式信息接收天线发送的电磁能量后,应答器将能量转换为工作电源,启动电子电路工作,把预先存储或 LEU 传送的 1023 位应答器传输报文循环发送出去,直至电能消失(即车载天线已经离去)。

项目七

城市轨道交通运营管理的认知

 学习导入

在城市轨道交通运营管理系统中，票务管理、客运组织、行车组织、行车调度指挥等发挥着保障运输效率和运营安全的重要作用，对这些模块有初步地了解和认识，有益于后续的深入学习。

任务一　城市轨道交通行车组织的认知

 任务目标

知识目标	技能目标	素养目标
1. 掌握城市轨道交通行车组织的定义、原则和指挥体系。 2. 熟悉城市轨道交通行车组织模式。 3. 了解控制中心、车站和车辆段如何组织列车运行。	具有使用标准用语读出车辆、道岔等编号的能力。	1. 培养学生遵章守纪、爱岗敬业的精神。 2. 培养学生严谨、踏实的工作态度。

知识课堂

一、城市轨道交通行车组织概述

1. 城市轨道交通行车组织定义

城市轨道交通行车组织是指利用城市轨道交通设施设备，根据列车运行图组织列车运行的活动。行车组织工作是整个城市轨道交通运输生产的核心内容，行车组织工作的质量影响乘客出行，与乘客的生命和财产安全息息相关，从而直接关系到乘客的选择意愿。

2. 城市轨道交通行车组织原则

1）在 ATC 系统正常情况下，客车采用 ATO 模式驾驶（当停车精度不能满足要求时，采用 ATPM 模式驾驶)。列车司机需在客车出库时或交接班时输入乘务组号。在 ATS 有计划运行图时，客车出基地到转换轨时自动接收行车信息；但在没有 ATS 计划运行图时，客车在出基地及正线运行车次变更时，行调分配运行线或人工排列进路。

2）正常情况下，正线上列车司机凭车载信号显示或行调命令行车，按运营时刻表和 DTI 显示时分掌握运行及停站时间。

3）非正常情况下行车时，列车司机应严格掌握进出站、过岔、线路限制等特殊运行速度。

4）客车在运行中，列车司机应在前端驾驶，如推进运行时应有监控员在前端驾驶室引导和监控客车运行。

5）在车辆段范围内指挥列车或车辆段调车的信号以地面信号和调车专用电台为主，信号旗和信号灯为辅。

6）调度电话、无线电话用于行车工作联系，须使用标准用语。数字标准发音见表 7-1。

表 7-1 数字标准发音

1	2	3	4	5	6	7	8	9	0
yāo	liǎng	sān	sì	wǔ	liù	guǎi	bā	jiǔ	dòng
幺	两	三	四	五	六	拐	八	九	洞

7）行车时间以北京时间为准，从零时起计算，实行 24 小时制。行车日期划分以零时为界，零时以前办妥的行车手续，零时以后仍视为有效。

8）正线及辅助线、连接线属行调管理，车辆段属车厂调度员管理，转换轨由行调和车厂调度员共同管理。

9）空客车、工程车、救援列车、调试列车出入车辆段按列车办理。

3. 城市轨道交通行车组织指挥体系

城市轨道交通是一种复杂、技术密集型的城市公共交通系统，其正常运转需要各个作业环节、各部门和各工种密切合作才能完成。因此，城市轨道交通行车组织必须贯彻安全生产的方针，坚持高度集中、统一指挥、逐级负责的原则。

二、城市轨道交通行车组织模式

城市轨道交通具有行车密度大、运行间隔小、安全要求高等特点。根据信号设备所提供的运行条件，一般可分为行车指挥自动化时的列车运行组织、调度集中时的列车运行组织和调度监督下的列车运行组织三种模式。

1. 行车指挥自动化时的列车运行组织

行车指挥自动化是利用计算机控制调度集中设备，指挥列车运行的一种自动远程遥控设备。正常情况下的城市轨道交通行车组织属于"行车指挥自动化"模式，这种模式的主要特点是进路排列、行车指挥等工作均由计算机自动完成，列车以自动驾驶模式运行，行车调度员、车站行车值班员等运营指挥人员在列车运行中主要起监督的作用。行车指挥自动化的主要功能有：

1）计算机可存入多套列车运行图，根据设定的列车运行图实现行车指挥功能。

2）计算机自动或人工控制管辖范围内各车站的发车表示器和道岔，自动完成列车进路的排列。

3）自动跟踪正线列车运行，显示进路、道岔位置、区间占用、列车车次和列车运行状态等。

4）当列车运行偏离列车运行图时，可自动或人工进行列车运行调整。

5）列车运行自动保护系统对列车运行设定防护区段，控制前后列车运行的安全间距。

6）能实现中央和车站两级运行控制模式，可根据需要进行控制权的转换。

7）计算机自动绘制列车实际运行图，并统计有关运营数据。

2. 调度集中时的列车运行组织

调度集中时的列车运行组织是指行车调度员在控制中心对管辖范围内相关信号设备进行远程控制和监视，对列车在车站的到达、出发、折返等作业进行人工控制及调整。在这种模式下，行车组织指挥由行车调度员实施。调度区段内各车站行车值班员在行车调度员授权下也可以控制本站的信号设备，而信号设备的状态信息不仅显示于该站显示屏，还应及时传送给调度中心。调度集中的主要功能有：

1）行车调度员可以直接控制被控车站的道岔、进路和信号机，指挥和调整列车运行。

2）通过控制屏或显示器可监督全线列车运行状态、信号显示、道岔位置、进路占用、列车车次等。

3）能实现自动绘制列车实际运行图。

3. 调度监督下的列车运行组织

调度监督是一种行车调度员能监督现场设备和列车运行状态，但不能直接进行控制的远程监控指挥方式。在这种列车运行组织模式下，车站行车值班员操作车站微机联锁设备、电气集中联锁设备或临时信号设备控制列车运行。通常，新线在信号系统尚未安装情况下投入运营时采用的过渡期调度指挥方式就是调度监督。调度监督时可实现的功能有：

1）车站信号控制系统具有联锁功能，车站行车值班员可对进路排列、道岔转换、信号开放实行人工操作。

2）控制中心可实时反映进路占用、信号及道岔等工作状态，对线路上的列车运行进行监护。

3）控制中心可储存信号开放时刻、道岔动作、列车运行等各类运行资料，并根据需要调用。

4）车站根据调度指令对列车运行进行调整。

5）计算机自动绘制或人工绘制列车实际运行图。

三、控制中心行车组织

控制中心是城市轨道交通运营企业行车组织的指挥中心，正常情况下控制中心监控列车运行，确保列车按照计划运行图运行。主要作业流程包括运营前准备、运营期间和运营结束后三部分。

1. 运营前准备

每天在运营前规定时间内，行车调度员确认线路出清并符合行车条件后进行下列准备工作：

（1）试验道岔　每天运营开始前规定时间内，行车调度员通知各联锁站的行车值班员试验道岔，值班调度主任、行车调度员查看 ATS 子系统的调度员工作站的显示。联锁站试验完毕，行车调度员收回控制权。调度主任、行车调度员使用中央联锁工作站试验进路、道岔的操作，使有关道岔处于正确位置。如果发现道岔不能正常使用，及时通知维修调度，派人检查抢修。

（2）检查和准备　运营前主要检查行车值班员到岗情况，站台是否有异物侵入限界，行车设备是否正常，备品是否齐全、完好，当日运用车、备用车的准备及乘务员配备等情况。

行车调度员检查完毕，在运营开始前规定时间通知电调牵引系统送电。同时，行车调度员需按车辆段调度员提供的当日上线列车及备用车编辑无线调度台动态组以便调度。

（3）加载列车运行图　根据客流分布规律，城市轨道交通一般采用分号运行图。在每天运营前规定时间控制中心主任调度在行车调度员工作站上"加载"当天使用的列车运行图。当日使用的列车运行图加载后，必须检查是否有效。通常运营部门都会编制多个不同的列车运行图，比如工作日运行图、周末运行图、节假日运行图等。

（4）核对时钟时间　行车调度员、电调在开始行车前与各站（含车辆段）、各变电所（站）核对日期和时钟时间（对表）；行车调度员与车辆段派班员核对时钟时间、服务号和注意事项。

（5）核对列车出库计划　根据当日列车运行图，行车调度员与车辆段调度员核对列车出库计划是否准确。

（6）组织首班车　开行首班车，要严格按照列车运行图组织列车运行，按时开出，避免晚点发车。

2. 运营期间

运营期间行车调度员应充分使用各种调度指挥设备，组织列车按照列车运行图安全、正点运行，尽量均衡在线列车的行车间隔。运营期间行车调度员的主要工作有列车运行监控，配合其他调度员进行电力供应、环境控制、防灾救护及设备维修施工等的调度指挥，监视各站情况，与相关单位进行信息沟通，列车运行调整，末班车组织等。

3. 运营结束后

每天运营结束后，行车调度员负责当天的行车工作分析和总结。运营结束后行车调度员的主要工作有打印当日行车计划运行图和实际列车运行图，编写运营情况日报表，组织施工计划的实施和各种运营指标的统计。

四、车站行车组织

城市轨道交通车站行车组织工作是监督行车设备运转状态，收集信息并上报运营控制中心，执行行车调度员命令调整列车运行，与列车司机执行联控措施。为了能安全、均衡、有节奏地完成乘客运输任务，各车站都有一套完整的行车作业要求、作业制度和接发列车作业程序。

1. 行车作业要求

（1）执行命令、听从指挥　严格执行单一指挥制，车站行车工作由车站行车值班员统一指挥，站务员在行车值班员指挥下处理车站内行车事件。

（2）遵章守纪、按图行车　认真执行行车规章制度，遵守各项劳动纪律。办理行车作业正确及时，严防错办和漏办，严禁违章作业。

（3）作业联系、及时准确　联系各种行车事宜时，必须程序正确、用语规范、内容完整、简明清楚，严防误听、误解和臆测行事。

（4）接发列车、目迎目送　接发列车严肃认真，姿势端正，确保列车安全运行。

（5）行车表报填写齐全　行车表报包括各种行车凭证、行车日志、调度命令登记表、设备故障登记表、手摇把使用登记表、交接班登记表和施工作业登记表等。车站工作人员必须认真、规范地填写各种行车报表，字迹要清晰、工整，表格内容要填写完整。

2. 作业制度

为了加强车站行车工作组织，保证车站良好的行车作业秩序，必须建立和健全各项行车工作制度，做到行车作业制度化、程序化、标准化。行车值班员必须按照各项规章制度进行行车作业才能保证行车安全。

（1）**行车值班员岗位责任制**　车站行车工作实行单一指挥制，行车值班员是车站行车工作的组织者和指挥者。车站根据行车工作的需要设置行车作业岗位。

（2）**交接班制度**　行车值班员交班时，应处理好当班事物，填写好相关台账，并口头向接班行车值班员交代清楚。行车值班员接班时，要了解列车运行情况，检查行车设备、备品、记录检查、钥匙是否齐全，登记与实际情况是否吻合，确认无误后，签名接班。

（3）**检修、施工登记制度**　行车值班员根据检修、施工计划向检修和施工负责人交代有关注意事项后，方可登记。登记工作必须做到认真、细致、全面、及时。凡影响列车运行的临时设备抢修，必须先与行车调度员联系作业时间，经批准后，方可登记。

（4）**道岔擦拭制度**　道岔关系行车安全，必须由专人负责定期擦拭。擦拭道岔前，先与行车调度员联系，办理控制权下放手续。道岔擦拭时，车站控制室要有人监护，必须严格遵守相关管理规定，杜绝随意、私自扳动道岔。

（5）**巡视检查制度**　送电前，行车值班员应进行站线巡视，检查线路上有无影响列车运行的异物。对站内设备检修、施工后的现场进行巡视检查，复核检修、施工登记／注销情况。检查行车控制台是否有异常情况。

（6）**行车事故处理制度**　发生行车事故时应立即采取措施进行处理，同时向行车调度员及有关部门报告。详细记录事故发生的时间、地点、列车车次、车号、涉及人员姓名、人员伤亡和设备损坏情况。立即赶赴现场，查找人证与物证，并做好记录。清理现场，尽快恢复线路。对责任行车事故，应找出原因，提出处理意见，制订防范措施。

3. 接发列车

目前，国内城市轨道交通普遍采用行车指挥自动化组织列车运行，实现了列车自动驾驶，列车以规定的速度进站，车站不显示接车信号，因此各车站原则上不办理接发列车作业。当信号联锁设备故障，需人工排列进路组织列车运行或退行等特殊情况下须办理接发列车作业。车站接发列车的基本程序如下：

接车

（1）**办理闭塞**　闭塞的实质是同一区段在同一时间内只允许一列车占用。办理闭塞实际上就是使出发列车取得占用区间的许可权。

（2）**布置与准备进路**

发车

① 布置进路。在城市轨道交通系统中，接发列车的关键是正确及时地准备好列车进路。布置进路时，务必要确定列车车次和列车占用线路情况。行车值班员必须确认进路是否准备妥当。

② 准备进路。准备进路时，顺序按压进路始端、终端按钮，道岔会自动转换并锁闭该进路，进路排列完毕，同时防护该进路的信号机自动开放。

（3）**开闭信号**　当联锁站接发列车进路准备好后，信号自动开放。由于轨道电路的作用，当机车或车辆第一轮对越过信号机后信号自动关闭。

（4）**接送列车**　站台接发列车作业人员应在规定地点立岗接送列车，注意列车运行状态，一旦有危及行车安全情况时，立即采取紧急措施。

（5）**车站报点**　列车到达车站或出站后，车站行车值班员应及时将列车到达、出发时刻通知邻站，并在《行车日志》中登记，向行车调度员报点。

> **扩展阅读**
>
> 　　为提高员工应对运营期间信号设备突发故障的应急处理能力，运营分公司开展了电话闭塞法演练。3月26日凌晨12点演练正式开始。凌晨12点11分，模拟市庄站至西三庄站突发联锁设备故障，列车无法自动触发进路。车站人员根据行车调度员命令组织电话闭塞法行车。
>
> 　　所有的工作紧张有序地进行：人工准备进路人员清点备品，提着沉重的工具包奔向站台准备进路；行车值班员进行命令的上传下达，播放应急广播，记录关键节点；客运值班员奔跑于站厅站台，做好客运组织工作；站务员保障站台的安全，与列车司机认真核对路票。
>
> 　　呼叫、应答、复诵、确认、实地检查、现场作业、加拆钩锁器……，一声声的命令从电话和对讲机内传出，一次次的手指口呼，列车一站一站安全向前运行。现地工作站和ATS子系统上的故障就是一道无形的作战命令；尽快动车恢复运营，是激发车站工作人员的内在动力。01:55，在各岗位人员的通力合作下，市庄站至西三庄站恢复正常行车，演练圆满结束。
>
> 　　此次演练以实战标准检验了3号线车站人员的应急处置能力和列车司机、行车调度员等行车关键岗位联动处置效率，强化了行车人员自控、互控和他控的安全意识，进一步为非正常情况下的行车组织工作夯实了基础。

五、车辆段行车组织

　　车辆段行车由车辆段调度员统一指挥，并由其负责车辆段日常运营和设备维修组织等工作。车辆段的其他工作人员应服从车辆段调度员的指挥，按照各自职责开展工作。车辆段行车指挥部门主要负责组织列车出入段，实施客车、机车车辆转轨、取送、检修作业，车辆段内行车设备检修维护作业、客车调试等工作。

1. 列车进出段作业

　　列车进出段作业包括车辆移交、列车出入段计划编制和接发列车作业。

　　① 车辆移交。客车及工程车车辆根据其所处的状态不同分为运营状态和维修状态。不同的状态下，其调度指挥权不同。因此两种状态相互转换时，需要交换调度指挥权。

　　② 列车出入段计划编制。车辆调度员根据当日的列车运行图编制列车出入段计划，编制好的计划提前送达控制中心行车调度员和信号楼值班员。

　　③ 接发列车作业。车辆段接发列车作业过程由两部分组成，一部分是车辆段车库到车辆段接发车线（转换轨）的进路安排及列车运行组织；另一部分是车辆段接发车线（转换轨）与正线出入段线相连接的车站之间的接发车作业。

　　车辆段车库到车辆段接发车线（转换轨）的接发车作业比较简单，与列车转线大致程序一致。而车辆段接发车线（转换轨）与正线出入段线相连接的车站之间的接发车作业，在正常情况下由调度集中控制，控制中心行车调度员排列进路，并通知列车司机按信号动车，当无法实施调度集中控制时，由车辆段与车站直接办理接发车作业。

2. 调车作业

　　在城市轨道交通日常运营过程中，除了列车在正线上的运行外，凡列车或车辆有目的的移动都属于调车。调车是车辆段内行车组织工作中的一项重要内容，主要有转线调车、取送调车、解体调车和编组调车四种。

调车作业必须按照调车信号机和调车手信号的显示要求进行。没有信号不准动车，信号不清立即停车。调车作业时，调车员必须正确及时显示信号，列车司机要认真确认信号，并鸣笛回示。没有回示时，应立即显示停车手信号。

任务二　城市轨道交通行车调度指挥系统的认知

任务目标

知识目标
1. 熟悉行车调度基本任务。
2. 了解行车调度指挥机构。
3. 掌握行车调度命令发布要求。
4. 掌握口头命令和书面命令的发布情况。

技能目标
具有区分行车调度员与行车值班员岗位职责的能力。

素养目标
培养学生严谨的工作作风。

知识课堂

一、行车调度工作

1. 行车调度工作的基本任务

城市轨道交通行车调度工作由控制中心实施，实行高度集中统一指挥的原则，各部门协调统一，紧密配合，确保列车运行安全、准点运行。行车调度指挥工作是城市轨道交通系统的核心工作。控制中心通常设有行车调度、电力调度、环控调度、设备维修调度等工种，各工种在值班主任的统一指挥下按照正常流程有序开展工作。

行车调度工作的基本任务有：

1）组织指挥各部门、各工种严格按照列车运行图工作。
2）监视列车到达、出发及途中运行情况，确保列车运行正常秩序。
3）当列车运行秩序不正常时，能够及时采取措施，尽快恢复正常运行秩序。
4）及时、准确地处理行车异常情况，防止行车事故的发生。
5）随时掌握客流情况，及时调整列车运行方案。
6）检查监督各行车部门执行运行图情况，发布调度命令。
7）当区间或车站发生行车事故时主管部门汇报，并采取措施防止事故扩大，积极参与救援组织工作。

2. 行车调度指挥机构

城市轨道交通调度指挥系统中，控制中心为调度机构，同时设置了不同的调度工种，按照不同工种实行分工管理，如图7-1所示。

运营指挥分为一级和二级两个指挥层级，二级服从一级；一级指挥有行车调度员、电力调度员、环控调度员和设备维修调度员（不同城市轨道交通企业可能设在不同部门），控制中心的日常工作由值班主任组织和领导；二级指挥有车站值班站长、车辆段调度员、车辆检修调度员、派班员以及其他二级指挥调度；各级指挥要根据各自的职责任务独立开展工作，并服从控制中心值班主任总体协调指挥。

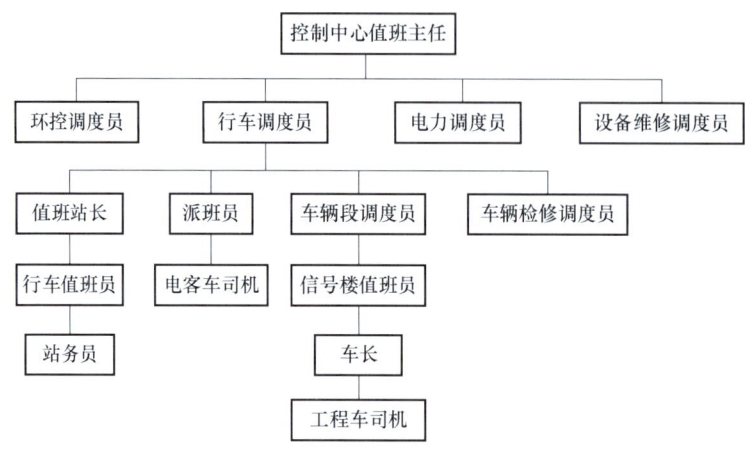

图 7-1　行车调度指挥系统组织结构

一级指挥层又称为线路控制层，主要负责指挥线路列车运行、非正常情况和应急情况下列车运行计划调整和组织实施；二级指挥层又称为站场控制层，主要负责列车运行计划的执行，非正常情况和应急情况下负责本区域行车组织和应急处置方案的执行。

运营单位结合网络化运营需求，可在线路控制层的基础上建立线网指挥层，负责线网正常运营组织监督、突发事件应急处置的统筹协调指挥等工作。

二、行车调度命令

1. 行车调度命令的要求

调度命令是行车调度员按照规定发布的，具有严肃性、强制性和授权性，是调度指挥工作高度集中统一指挥的具体体现。行车调度命令分为口头调度命令和书面调度命令两种，由控制中心行车调度员发布。不管何种命令，发布以后，有关行车作业人员必须严格执行。

1）行车调度命令发布应满足以下要求：

① 口头命令采用应答复诵制，并有录音设备记录命令内容。同时向多个受令人发布口头命令时，发令人指定某一受令人复诵，其他受令人核对命令内容。

② 书面命令采用书面记录制。特殊情况下可先发口头命令，事后补交书面命令。

③ 通过无线调度电话、网络传送的文字或语音调度命令，系统有查收记录，并把查收信息回传给发令人，保存备查。

2）行车调度命令应使用标准用语，按照"一事一令"的要求执行。

3）行车调度命令内容应简明扼要，包括命令时间/命令号码受令处所、命令内容以及受令人、复诵人和发令人等信息。

4）行车调度命令应在执行前直接发布给命令执行人。对于不能直接发布给命令执行人的调度命令，发令人应指定专人传达。车辆基地由车辆基地调度员负责传达，车站由行车值班员或其指定的专人负责传达。

2. 口头命令和书面命令

1）发布口头命令的情况有以下几种：

① 临时加开或停开列车（包括电客车、工程车及救援列车）。
② 电客车、工程车的推进运行和退行。
③ 停站电客车临时变通过。
④ 采用 RM、URM 列车驾驶模式。
⑤ 列车救援（包括因救援等需要封锁及开通线路）：列车中途清客。
⑥ 线路临时限速或取消线路限速：变更列车进路。
⑦ 切除旁路后申请动车。
⑧ 区间放（带）人。
⑨ 允许列车越过禁止信号。
⑩ 计轴预复位。

2）发布书面命令的情况有以下几种（特殊情况下可先发布口头命令，事后补发书面命令）：
① 发布线路长期限速或取消线路长期限速。
② 改用电话闭塞法行车和恢复移动/进路闭塞法行车。
③ 封锁、开通线路。
④ 有计划加开工程车、调试列车（包括利用工程车施工、调试）。
⑤ 行车调度员认为有必要记录的命令。

任务三 城市轨道交通客运组织的认知

任务目标

知识目标
1. 掌握城市轨道交通客运组织的概念。
2. 了解城市轨道交通客运组织涉及的内容。
3. 掌握城市轨道交通客流的相关概念。
4. 掌握城市轨道交通列车的交路形式。
5. 掌握城市轨道交通车站的客流组织。

技能目标
1. 具有区分各种交路特点的能力。
2. 具有进行车站日常客流组织的能力。

素养目标
培养学生全心全意为乘客服务的意识。

知识课堂

一、城市轨道交通客运组织概念

城市轨道交通客运组织是指通过合理的安排岗位人员及布置客运有关设备、设施，对客流采取有效的引导措施，从而实现乘客位移的过程。城市轨道交通主要通过合理的客运组织来完成其大容量的客运任务。

在城市轨道交通系统中，车站作为乘客集散的重要场所，完成城市轨道交通客运的组织工作。车站中的运营人员主要有中心站长、站长、值班站长、行车值班员、客运值班员以及站务员等。涉及的设备设施如自动售检票系统（AFC）、站台门系统、电梯系统、广播子系统、闭路监控系统、火灾报警系统等。

客运组织工作是城市轨道交通运营生产的重要组成部分，其质量直接反映城市轨道交通运营企业的管理水平。客运组织工作必须实行集中领导、统一指挥的原则，控制指挥中心（OCC）负责全线的客运组织工作，车站站（区）长或值班站长负责车站的客运组织工作。

二、城市轨道交通客流

客流是指在单位时间内，城市轨道交通线路上乘客流动人数和流动方向的总和。在城市轨道交通系统中我们可以分为车站客流与断面客流。客流量从总的方面反映城市居民需要乘坐公共交通车辆的数量程度。它是由在市郊出行的人构成，主要包括城市和郊区的固定人口以及外地住城市的临时人口或因生活工作需要临时在城市出行的乘客构成。这些出行包含时间、地点、方向、距离、数量等因素。

1. 客流调查

客流调查是为了掌握客流现状与变化规律，对客流进行各种形式的调查。调查前，需要对调查内容、地点和时间进行确定，对调查表格进行统计，对调查设备进行选用，对调查方式进行选择；调查后，需对调查资料汇总整理、指标计算和结果分析等。根据不同的情况和需要，轨道交通系统的客流调查主要有全面客流调查、乘客情况抽样调查、断面客流调查和节假日客流调查等。

> **扩展阅读**
>
> 客流调查是一件严肃又认真的事情，在调查中调查员要本着实事求是的态度开展工作，每一项数据来源要真实可靠，不能弄虚作假。真实的数据结果是后续城市轨道交通设计的重要依据。如果数据不真实，设计的依据就不可靠，可能会造成设计误差，当设计偏小时，不能满足远期客流需求，偏大会造成资源浪费。

2. 客流预测

城市轨道交通客流预测一般有基于出行分布的客流预测模式、非基于出行分布的客流预测模式和三次吸引客流预测模式三种。基于出行分布的客流预测模式是以市民出行OD（Origin-destination Survey，OD）调查为基础，得到现状全方式出行分布，在此基础上预测规划年度的全方式出行分布，然后通过方式划分得到城市轨道交通的站间OD客流，通常分为出行生成、出行分布、方式划分、出行分配四个阶段，因此又叫作四阶段客流预测。上海市地铁3号线、南京地铁南北线一期工程客流预测采用了此类预测模式。四阶段客流预测模式以现状OD调查为基础，结合未来城市发展及土地利用规划，因此客流预测结果的精度较高。近年来，国内许多城市的轨道交通客流预测采用了四阶段客流预测模式。

3. 客流分析

城市轨道交通的客流是动态的，这是城市发展与轨道交通本身特征的反映。对客流的分析通常有时间维度和空间维度两方面。在时间维度上可以分析一日内小时客流的分布特征、一周内全日客流分布特征、短期或季节性客流分布特征等，在空间维度可以分析各线路客流分布特征、同一线路上下行客流分布特征、同一线路各断面的客流分布特征等。通过对城市轨道交通客流进行分析，掌握客流现状与变化规律，有助于合理规划线网、安排运力与配置设备，实现运营企业的社会效益与经济效益。

4. 客流计划

客流计划是对运输计划期间城市轨道交通线路客流的规划。它是全日行车计划、车辆配备计划和列车交路计划编制的基础。在新线投入运营的情况下，客流计划根据客流预测资料进行编制。在既有运营线路的情况下，客流计划根据客流统计资料和客流调查资料进行编制。全日行车计划是在运营时间内各个小时开行的列车对数的计划。车辆配备计划是完成全日行车计划而制订的车辆保有数的安排计划。工作日和休息日人们的出行时间和出行量不同，所以全日的行车计划和车辆配备计划也会不同。

5. 列车交路

（1）列车交路　计划在城市轨道交通线路各区段客流量不均衡的情况下，采用合理的列车交路安排是运输计划的一个重要组成部分。列车交路计划规定了列车的运行区间、折返车站和按不同列车交路运行的列车对数。

合理的列车交路既能提高列车使用效率、提高运能、降低运营成本；又能满足乘客的出行需求。因此，采用多种交路结合的列车运行方式，能使行车组织做到经济合理。

列车交路可分成长交路、短交路和长短混合交路三种，如图7-2所示。长交路是指列车在线路上全线运行；短交路是指列车在线路的某一区段内运行，在指定的车站上折返；长短混合交路是指线路上两种交路并存的列车运行模式。

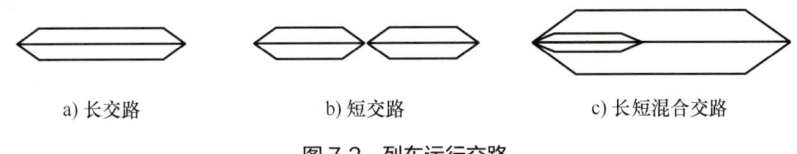

a) 长交路　　　　b) 短交路　　　　c) 长短混合交路

图7-2　列车运行交路

长交路从行车组织的角度看，列车运行组织简单，对中间站折返设备要求也不高，但在各区段客流量不均衡的情况下会产生部分区段运能的浪费。将长交路改为短交路衔接，既能适应不同客流区段的运输需求，又能使运营经济，但要求中间折返站具有两个方向的折返能力以及具有方便的换乘条件，从乘客的角度看，服务水平有所降低，乘客的出行时间会延长。同时如果线路中出现故障，还可以采用短交路的行车方式来降低故障对于线路行车的影响。长短混合交路的组织方案，既能满足运输需求，又能提高运营效益。因此，在线路各区段客流量不均衡情况下，可以采用以长交路为主，短交路为辅的列车交路计划，组织列车在线路上按不同的密度行车。同样，当高峰期间客流在空间分布上比较均匀，而低谷期间客流在空间分布上相差悬殊时，也可以在低谷时间采用长短交路列车运行方案，组织开行部分在中间站折返的短交路列车。

> **扩展阅读**
>
> 在新型冠状病毒疫情期间，北京地铁通过增加车辆投放、开行多交路套跑、开行大站快车、压缩停站时间、突破最小行车间隔等超常超强措施，对列车运行图进行调整优化，精准高效投放运力，最大限度降低高峰小时列车满载率。为此，北京地铁公司信号、供电等系统设备设计能力达到极限，在车辆保有量不足的情况下，突破技术壁垒，完成了对13条线路采取超常超强措施，其中，4条线路最小运行间隔达到1min 45s，有效地提升了乘客乘车舒适感。

（2）列车折返方式　列车运行到终点站或在短交路和长短交路情况下运行到中间折返站需要进行折返作业。列车折返方式根据折返线的布置，分站前折返和站后折返两种方式。

站前折返是列车经由站前渡线折返，如图 7-3 所示。图 7-3a 是列车在终点站经由站前渡线折返；图 7-3b 是短交路运行时列车在中间站经由站前渡线折返。采用站前折返方式时，列车空车走行少，折返时间较短；上、下车乘客能同时上、下车，可以缩短停站时间；此外，站线和折返线相结合，能节省投资费用。站前折返的缺点是出发列车和到达列车存在着进路交叉，影响行车安全；上、下车乘客同时上、下车，在客流量大的情况下，站台秩序会受到影响。

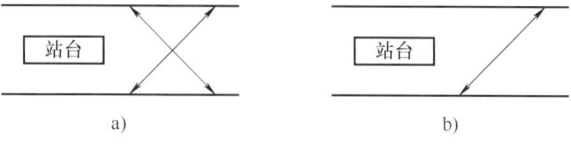

图 7-3　站前折返时的折返线布置

列车到、发作业产生交叉干扰的条件是进路有交叉，并且占用进路的时间相同，两个条件必须同时具备才构成真正的进路交叉。在行车密度很大的情况下，采用站前折返方式，要完全消除到、发列车的交叉干扰，难度较大。

站后折返方式如图 7-4 所示。图 7-4a 是列车经由站后环形线折返；图 7-4b 是列车经由站后尽端折返线折返；图 7-4c 是列车经由站后渡线折返，常作为列车在中间站进行中途折返使用。

采用站后折返方式能避免采用站前折返时存在的缺点；出发列车与到达列车不存在进路交叉，行车安全；而且列车进出站速度高，有利于提高行车速度。因此，站后折返方式被广泛采用。站后折返的主要缺点是折返时间较长。

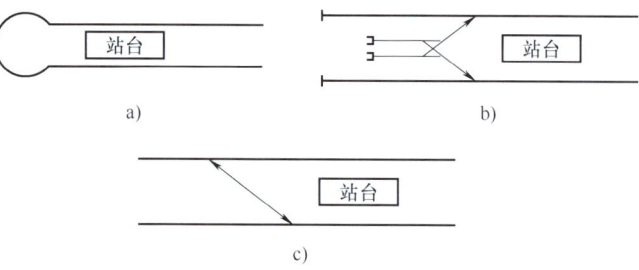

图 7-4　站后折返时的折返线布置

三、城市轨道交通车站客流组织

1. 车站客流组织

城市轨道交通车站是客流的集散场所，乘客在这里完成进出站、上下车以及换乘等出行需求。车站需要保持客流流线的顺畅，减少乘客出行时间，保证日常客流组织情况和大客流情况下的客流组织以及突发状况下的车站应急组织。乘客的进出站线路图如图 7-5 所示。

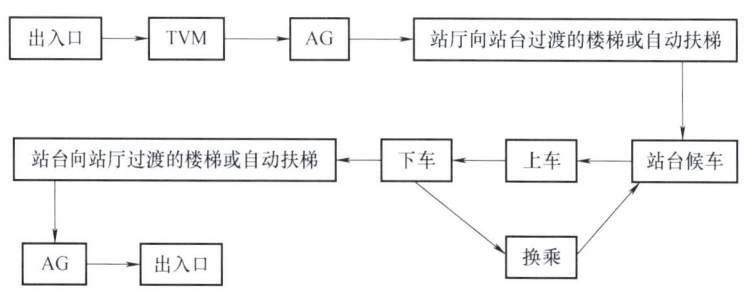

图 7-5　乘客的进出站线路图

车站的客流组织包括出入口客流组织、售检票客流组织、站厅向站台过渡的楼梯客流组织、乘降组织等,在这些客流组织过程中,无论是日常的客流组织还是大客流的客流组织,都应遵循客流自下而上、自内而外的客流组织原则。出入口、闸机以及站厅向站台过渡的楼梯或自动扶梯是客流控制的关键节点。车站常借助一定的客运组织设备或设施如乘客导向标识、通话系统、活动围栏、固定围栏、警戒带、临时公告等来加快或减缓进站速度,如图7-6~图7-9所示,合理地控制车站客流尤其是站台客流,来实现车站的客流组织。

图7-6 乘客导向标识

图7-7 活动围栏

图7-8 临时公告

图7-9 扩音器

> **小知识**
>
> 常见的客流组织措施有:
>
> 在出入口可以结合客流实际,当车站设施能够满足乘客需求时采用正常的客流组织保证出入口双向使用,加快进站速度。当车站设施不能满足乘客需求时可以采用限流措施,常用的限流措施有出入口的单向使用、分批放行、减缓进站速度等。在TVM(自动售票机)处可以通过合理使用TVM售票、组织乘客有序排队等方式组织乘客购票。在AG(闸机)处通过引导乘客右手持票、有序排队、合理使用双向闸机等方式组织乘客入闸或出闸。合理设置站厅向站台过渡的自动扶梯的运行方向,在遵循客流组织原则的前提下满足客流使用要求,根据站台客流实际情况采用适当的限流措施。
>
> 城市轨道交通不同线路之间的换乘方式有站台换乘、站厅换乘、通道换乘、站外换乘和组合换乘等形式,站台换乘又分为站台直接换乘和上下站台换乘。在换乘组织中应注意尽量避免客流交叉造成的客流流速减慢进而影响乘客出行速度。换乘客流的客流组织根据换乘的方式不同而各异。例如车站采用同台换乘时,应重点做好站台客流的组织,而上下站台换乘则需要做好连接上下站台楼梯和自动扶梯的客流组织;对于站厅换乘需要做好站厅向站台过渡的楼梯和自动扶梯的客流组织的同时要注意加强站厅不同方向的客流组织。不同形式的换乘站通常是多种换乘方式组合使用,如北京的国家图书馆站采用的是同台换乘与站厅换乘,石家庄新百广场站则是上下站台换乘与站厅换乘。

2. 突发事件客流组织

突发事件下，城市轨道交通运营企业的应急处置指导思想是先控制、后处置；先救人、后救物。车站对突发事件要逐级上报，要迅速、准确、完整。根据突发事件的影响尽量在车站进行乘客的疏散、清客或隔离，需要区间救援时，根据就近原则，车站要派人进入轨行区协助列车司机进行乘客的救援。

突发事件客流组织

3. 客运服务要求

车站的客流组织还需要通过车站运营人员的优质服务来实现。运营企业通过对员工的仪容仪表（服装、配饰、妆容、发型、表情等）、仪态（站姿、坐姿、行姿、手势等）以及服务语言提出具体要求，以期提高服务质量，并减少乘客投诉，从而提升企业形象，增强城市轨道交通对乘客的吸引。在服务中常用的文明用语如："你好""请""对不起""谢谢""再见"。员工在工作中做到心到、眼到、手到、话到；在处理乘客投诉过程中要具备耐心、细心、同理心，牢固树立为人民服务的观念，要避免否认责任、推卸责任、与乘客争辩等不恰当的行为，认真倾听乘客的投诉、了解乘客的不满、为乘客提供满意的处理方案。

任务四　城市轨道交通票务管理的认知

任务目标

知识目标
1. 了解城市轨道交通自动售检票系统。
2. 熟悉城市轨道交通车站票务设备。
3. 掌握城市轨道交通车票管理内容。
4. 掌握城市轨道交通现金管理内容。

技能目标
具有进行人工售票的能力。

素养目标
培养学生爱岗敬业、诚实守信的工作作风。

知识课堂

一、车票管理

1. 票价制式

（1）单一票价制　乘客每次乘车车票价格为一固定值，与乘客实际乘坐距离远近无关。该票价制结构简单，便于管理，早期国内地铁采用该票价制式的较多。但是从长远看，该票价不合理性较大，而且严重影响运营单位票款收益，从而增加了地方财政负担，因此，单一票价制在国内基本已被淘汰。

（2）计程票制　乘客乘车费用直接根据其乘坐里程计算，乘客乘坐距离越远，票价越高。该票制更科学合理，能有效兼顾长、短途乘客需求。目前，多数地铁公司都采用该票制。

> **小知识**
>
> 例如,石家庄地铁票价规定:"起步价6km 2元,6~20km每递增7km加1元,20~36km每递增8km加1元,36~54km每递增9km加1元,54km以上每递增10km加1元。"

（3）分区票制　分区票制是指将地铁线路划分成若干区域,每个区域内票价统一,当乘客在同一区域出行时,只需支付该区票价,一旦跨越多个区域时,根据其经过的区域数进行计费。

2. 车票种类

票卡就是乘客使用的车票,用于记载乘客的出行和费用信息,是乘车的有效凭证。票卡管理就是对票卡的发行、使用、更新等全过程进行的有效管理。

图7-10　筹码型单程票　　　　　　　图7-11　卡式单程票

1）根据票卡功能可分为单程票、计次票、储值票、纪念票、测试票等。单程票只限购票当天当站使用,出站回收,如图7-10和图7-11所示;计次票使用时不计算乘坐里程,不扣金额,扣除次数;储值票是预先在票卡里充值,出站时扣除本次乘车费用,票卡不回收,如图7-12和图7-13所示;纪念票又可分为纪念计次票和纪念储值票,一般在特定时期内限量发行,票卡不回收;测试票一般用于地铁开通前票务设备测试使用。

2）根据外观形状可分为卡片型票卡、筹码型票卡和异型票卡。由于南方多雨潮湿,卡片型票卡易受潮变形损坏,因此南方地区多使用筹码型票卡,北方地区以卡片型票卡为主。异型票卡是指票卡外形不规则,多用于纪念票、储值票。

图7-12　学生用储值卡　　　　　　　图7-13　一般储值票

3）根据制作材质可分为纸质票、磁卡票、智能IC卡票。

4）根据有效期可分为日票、周票等。

3. 车票管理流程

车票由票务部门根据各车站车票需求量进行配送，然后车站会将一部分车票放入自动售票机和半自动售票机里，以便乘客购买乘车。持单程票的乘客出站时，车票回收供车站循环使用。车票不能正常进出站或需退票时，乘客应到客服中心进行处理。车站定期会将问题车票和多余车票上交票务部门，由票务部门处理问题车票，并安排各站车票调拨。车票管理流程如图 7-14 所示。

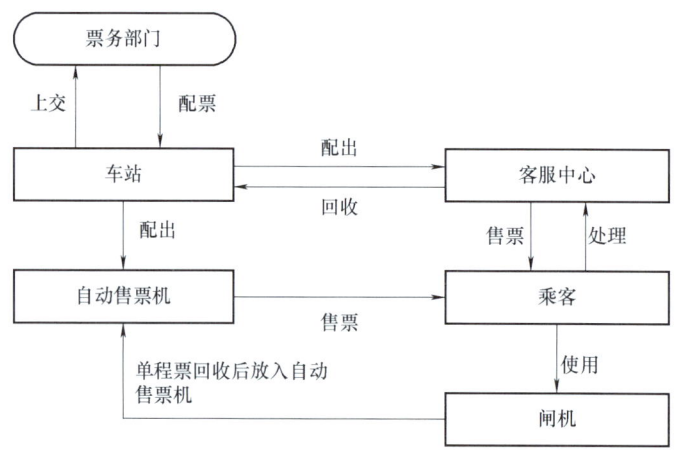

图 7-14 车票管理流程图

4. 车票安全管理

车票原则上只能存放于指定的安全区域并分类存放，主要安全区域有票务室、客服中心、临时售票亭、自动售票机和半自动售票机等。预赋值车票保管等同于现金保管，未使用时必须存放于票务室保险柜中。车票运输时要放在上锁的票务小钱箱、票盒或票务小推车中。车票可用信封、票盒、钱袋等加封，必须保证加封后一旦破封就无法复原。此外，还要建立专门票务台账记录车票种类、数量、使用情况等，并且定期安排人员进行清点、检查。

二、人工售票作业流程

人工售票是指车站售票员直接面对乘客进行售票工作，是城市轨道交通票务工作的重要组成部分。人工售票作业可分为售票前准备工作、开窗售票和售票结束三个阶段。

1. 售票前准备工作

售票员到票务室找客运值班员，领取备用金、车票、发票等，并在《售票员结算单》上按实际数量签收交接。此外还需领取客服中心钥匙，并填写票务钥匙借用台账。

2. 开窗售票

1）开窗售票前售票员要先用本人员工号和密码登录 BOM 系统。

2）售票时必须按照"一收、二唱、三操作、四找零"的步骤（见表 7-2）。

3）车票在交给乘客前，必须使用 BOM 进行分析，并请乘客确认车票有效性。

4）当车票、备用金不足时，售票员必须及时通知客运值班员，要求补充，并做好交接。

5）售票员暂离岗位时，必须摆放"暂停服务"牌，并在 BOM 系统中进行暂时离岗操作。

表 7-2 售票作业程序

步骤	程 序	内 容
1	收	收取乘客票款
2	唱	向乘客说出收款金额，并复述乘客购买车票类型及数量
3	操作	验钞后（若为伪钞，要求乘客更换钞票），在 BOM 上进行售票操作
4	找零	将车票和找零的零钱双手一起递交给乘客，同时说出找零金额和车票数量

3. 售票结束

1）售票结束后，售票员要在 BOM 签退。

2）售票员清理现场，并携带本人当班期间所有票款、车票、报表等，回票务室。

3）售票员清点个人票款后，交予客运值班员，在纸质《售票员结算单》上核对票款数目，签字确认。

三、现金管理

1. 现金种类

城市轨道交通车站现金主要由备用金和票款两部分组成。备用金是由财务部门根据各车站实际需求配发给各站的周转资金，用于给乘客购票时找零、兑零等。票款是指车站向乘客发售车票、办理充值等业务所得到的现金。

2. 现金管理流程

车站备用金数额在一定时期内可以说是固定不变的。每天运营结束后，车站工作人员要清点现金数量，除去车站备用金外，其余作为当天车站票款收入，进行加封后于第二天存入银行专门账户中。现金票款日常流程如图 7-15 所示。

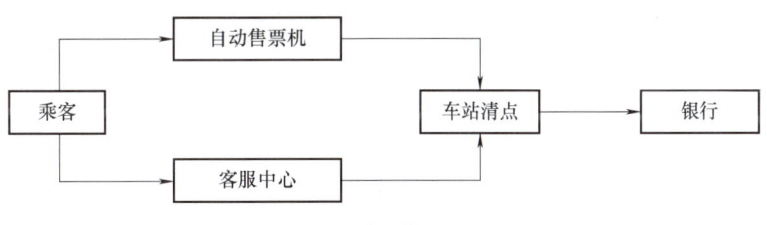

图 7-15 现金票款日常流程图

3. 现金安全管理

车站现金必须存放于票务室、客服中心、自动售票机等指定安全区域。票务室应设防盗门，并随时保持锁闭状态。除当班站务员、票务稽查人员外，其他人员不得随意进出票务室、客服中心。特殊情况需要进入时，必须得到当班值班站长或以上级别人员同意后，由当班客运值班员陪同进入，并做好访客登记。现金可用信封、钱袋加封，加封时必须双人进行，并在加封处注明加封时间及加封人。同时，还要保证加封后一旦拆封将无法复原。

车站的车票、现金属于公司财产，在保管、运输、使用过程中一定要严格按照要求进行，需要在有监控的空间进行操作，同时需要 2 人共同完成，同时在工作中严禁信用交接。

项目八

城市轨道交通机电设备的认知

学习导入

城市轨道交通机电设备是其运营的一个重要组成部分,主要包括自动售检票系统、站台门系统、环控系统、给排水系统、消防系统、低压配电与照明系统、环境与设备监控系统、综合监控系统等,主要作用是为车站提供售检票、给排水、照明、供电等基本功能,同时 BAS 系统对这些机电设备进行自动监控;在意外灾害情况下,由火灾自动报警系统对车站设备进行控制,并将站内与防灾无关的设备自动切断。通过本项目的学习,使学生对机电设备有较全面的了解。

任务一 自动售检票系统的认知

任务目标

知识目标
1. 了解城市轨道交通票务发展现状。
2. 理解自动售检票系统的构成和功能。

技能目标
具有识别自动售检票系统终端设备的能力。

素养目标
树立按照要求操作设备的标准意识。

知识课堂

自动售检票系统(AFC 系统)是以磁卡(纸制磁卡和 PET 磁卡)或智能卡为车票介质,利用自动售票机、半自动售票机、自动检票机、查询机等终端设备,并通过计算机网络实现城市轨道交通运营中的自动售票、自动检票、自动收费、自动统计的封闭式票务管理自动化系统。

一、城市轨道交通票务系统与 AFC 系统的关系

1. 客流

AFC 系统可根据交易信息为决策或规划提供客流信息,通过其良好的票务管理水平和

高效的客流信息处理能力,成功实现低成本、高效率的系统运作。

2. 票制

AFC 系统根据票务政策的计费原则和计费方式进行售票、检票、统计。对单一票制、计程票制和混合票制,应结合不同的票制原则以及相应的优惠措施制订执行方案。

3. 统计与结算

票务统计与结算的基础是交易数据。线路每天的客流量是该线路各站的单程票、储值票及特种票的进站数及换乘至该站人数之和。各线日车票收入以单线各站的单程票发售收入与储值票的出站扣值及当天票补收入之和,减去退票款后,按乘客在各换乘线路乘坐的情况核算。

4. 车票处理

车票处理包括对单程票、储值票和许可票的处理。一般情况下,单程票是当日当站使用的车票,通常要制订退票规则,包括是否允许退票、退票时间要求、手续费的收取等。

二、AFC 系统

AFC 系统是基于计算机、通信、网络、自动控制等技术,实现城市轨道交通售票、检票、计费、收费、统计、清分、管理等全过程的自动化系统。该系统通常包括自动控制、计算机网络通信、现金自动识别、微电子计算、机电一体化、嵌入式系统和大型数据库管理等高新技术运用。

1. AFC 系统的主要工作内容

1)实现中央系统、车站系统和终端设备之间的数据传输和处理。
2)完成车票制作、售票、检票、票务统计分析等工作。
3)及时、准确地进行客流、票务数据的收集、整理、汇总和分析。
4)实现城市轨道交通收益方的清分结算以及与关联系统等外部接口之间的清分结算。

2. AFC 系统的架构

在多线路组成的城市轨道交通网络中,根据投资主体、运营管理、换乘方式、轨道交通线网的构成方式以及票务处理、票务分析和票务结算系统的需求,实现 AFC 系统的基本结构。根据不同的需求,AFC 系统架构可分为线路式架构、分散式架构、区域式架构、完全集中式架构和分级集中式架构等 5 种。

AFC 系统的组成分成五层,如图 8-1 所示。

第一层是城市轨道交通清分中心,第二层是线路中心计算机系统,第三层是车站计算机系统,第四层是车站终端设备,第五层是车票。

3. 影响 AFC 系统设备配置与布局的因素

(1)高峰小时进出站客流　高峰小时进出站客流的数量是决定车站 AFC 设备配置的主要因素,高峰小时进出站客流的流向则是决定车站 AFC 设备布局的基本依据。

(2)车站 AFC 设备能力　车站 AFC 设备能力是指车站 AFC 设备在单位时间内(通常为 1min)的出票张数或通过人数等。车站 AFC 设备通过能力可分为设计能力和使用能力。

(3)站台与站厅层设计布局　站台与站厅层设计布局对付费区及检票机的设置有较大影响,从而影响车站 AFC 设备的配置和布局,如岛式站台车站,付费区的自动扶梯、步行楼梯设置在站厅的中央区域,客流量较大的车站,在付费区两侧布置验票机,增加检票机的数量。

4. AFC 系统设备布置应满足的要求

(1)正确设置售检票位置　售检票位置与出入口、楼梯应保持一定距离。

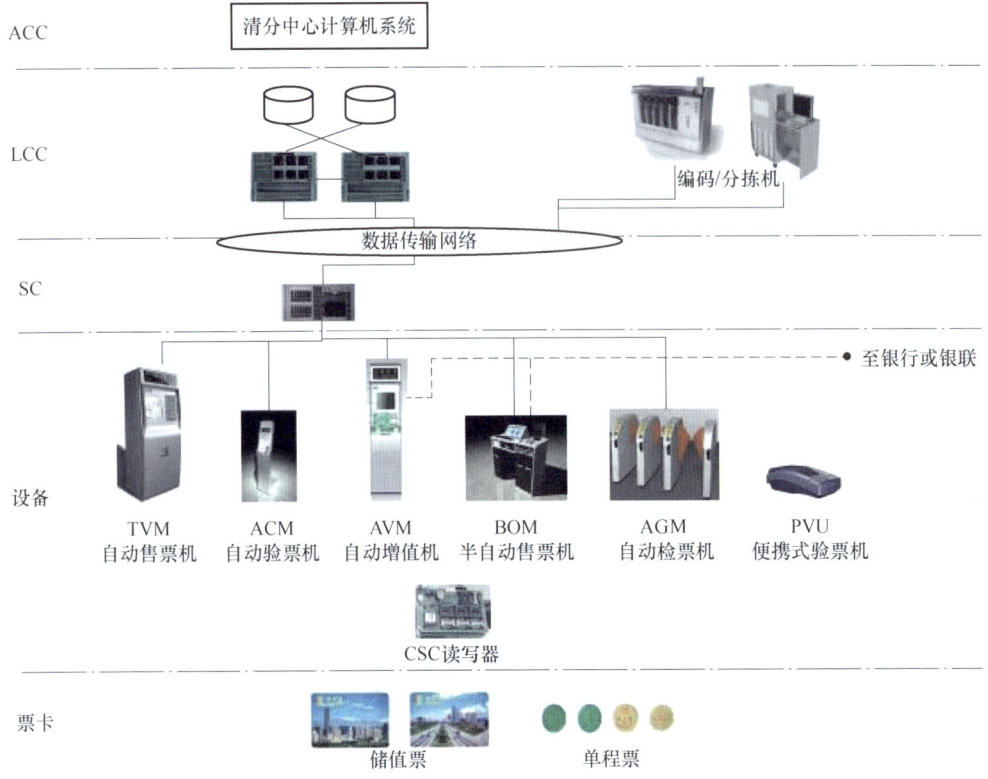

图 8-1　AFC 系统层次结构

（2）合理布置付费区　售检票位置根据出入口数量相对集中布置，并满足客流流向要求。

（3）设备应采用相对一致的外尺寸　每个付费区内至少设置 1 台补票机，每个出入口的检票机数量不应少于 2 台。

5. AFC 终端设备

AFC 终端设备安装在各车站的站厅，直接为乘客提供售检票服务的设备，规定了车站终端设备及其运营管理的技术要求。

AFC 系统主要有以下几部分组成，其中车站主要终端设备如图 8-2 所示。

（1）车站计算机（SC）　用于对车站终端设备进行状态监控以及收集各终端产生的交易和审计数据。车站计算机的主要功能是对第二层车站终端设备进行状态监控以及收集本站产生的交易和审计数据，规定了系统的数据管理、运营管理及系统维护管理的技术要求。

（2）自动售票机（TVM）　自动售票机，简称 TVM，安装于车站非付费区，用于出售单程票，接受纸币、硬币、微信、支付宝支付等，实现乘客自助购票。乘客根据目的地购票，在设备上选择对应的票价，同时投入相应的钱币，设备自动将已初始化的卡进行赋值发售。

（3）半自动售票机（BOM）　半自动售票机，用于出售票卡，售票亭里进行乘客事务处理。BOM 采用人工方式完成票务处理、车票发售、加值、车票分析、退票及其他票务服务。BOM 可以同时为非付费区和付费区服务，兼顾售票和补票功能，使用同一车票处理设备，但需对两个区域分别设置单独的乘客显示器，适应处理不同区域乘客事务。BOM 通常由主控单元、乘客

扫一扫

自动售票机的结构

扫一扫

自动检票机的结构

显示器、票卡发送装置、读写器与天线、键盘与鼠标、机身、电源模块、支持软件等部件组成。

（4）自动检票机（AGM） 自动检票机又称闸机，是一种通道阻挡装置，装备有票卡控制系统和扇门（或三杆），用于管理人流并规范行人出入。其最基本最核心的功能是实现一次只通过一人，位于付费区和非付费区之间，用于实现自动进出站检票。自动检票机应能适应地铁车站的强磁干扰、尘土、高温、振动等恶劣工作环境，具有防潮、防火、防酸设计。

（5）便携式验票机（PCA） 用来读取票卡内的信息，PCA 是个移动设备，它能通过通信单元便携地连接到车站计算机上。

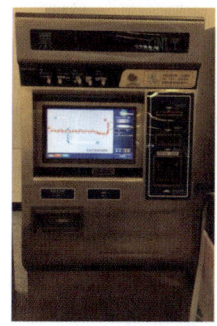

图 8-2　车站主要终端设备

任务二　站台门系统的认知

任务目标

知识目标	技能目标	素养目标
1. 掌握站台门系统的组成和功能。 2. 了解站台门系统的控制模式。	1. 具有识别站台门结构的能力。 2. 具有按要求操作站台门的能力。	树立按规范操作站台门的标准意识。

知识课堂

站台门是安装于城市轨道交通沿线车站站台边缘，将站台候车区与轨行区隔离，与列车车门对应，可多级控制开启与关闭的连续屏障，是一种机电设备系统。站台门的应用提高了运营安全系数,改善了乘客候车环境,也利于节约运营成本和建设成本。

一、站台门功能

站台门系统在保护乘客安全、节省环控系统能耗、降低运营成本和改善站台候车环境等方面都取得了较好的效果。

1. 安全性

装设站台门后,只有当列车停靠在站台边,并且列车门与站台门完全对正后,站台门才与列车门同时打开,以便乘客上下车,保证乘客乘车的安全,防止乘客意外跌入轨行区。

2. 节能性

设置站台门系统后,车站站台空间与列车运行空间完全隔开,避免了大量空调冷气进入隧道;也可有效地减少这些热量进入候车区。因此可以减少冷量消耗,达到空调节能的目的。

3. 降低人工成本

安装站台门后,可以减少甚至不需要站台接车人员,减少地铁的日常运营管理费用,也为城市轨道交通实现无人驾驶创造了条件。

4. 环保性

站台门在站台和轨道之间形成一个物理屏障,可以大大降低车站中的噪声,避免了活塞风把轨道上的垃圾和灰尘带至站台,从而给乘客提供了一个更加舒适安静的候车环境。

当然,设置站台门系统会增加大量的初期投资,安装后还会增加维修费用。

二、站台门的分类

站台门从结构形式上可分为全高闭式站台门、全高开式站台门和半高开式站台门。

(1) **全高闭式站台门** 全高闭式站台门,如图8-3所示,将候车空间与隧道空间完全隔开,两者之间无空气流通,门体结构控制高度一般为2800~3200mm。一般来说采取各种漂亮的斜撑立柱、圆弧钢圈、钢筋悬吊等方法来固定,确保其稳定性。这种形式的站台门一般应用于城市轨道交通设有空调系统的地下车站,主要作用是保证乘客乘车的安全性,还可以减少能耗,提高经济效益。

图8-3 全高闭式站台门

(2) **全高开式站台门** 全高开式站台门,如图8-4所示,同全高闭式站台门一样,是一道自上而下的玻璃隔离墙和活动门,沿着车站站台边缘和两端头设置,能把站台候车区与列车进站停靠区隔离,只在顶端处留一缝隙,这样设计允许轨道与站台间有空气对流通道,门体结构高度一般为2800~3200mm。全高开式安全门除具有保证乘客安全的功能外还能阻挡列车进站的气流对乘客的影响,节约能耗并降低噪声,这种结构多用于没有空调系统的地下站台。

(3) **半高开式站台门** 半高开式站台门,如图8-5所示,是一道上不封顶的玻璃隔离墙和活动门,门体结构高度一般为1200~1500mm,主要安装在地面车站及高架车站或顶部无安装条件的地下车站。与全高式相比,安装位置基本相同,但结构简单,高度低,空气可以通过站台门上部流通,造价相对较低。它主要起隔离的作用,提高站台候车乘客的安全,同时还能起到一定的隔声降噪作用,主要应用于气候比较凉爽的城市地铁站台中。

图 8-4 全高开式站台门

图 8-5 半高开式站台门

三、站台门系统的组成

站台门系统由机械和电气两部分构成,机械部分包括门体结构和门机系统,电气部分包括电源系统和控制系统。在此我们主要介绍门体结构部分,以全高闭式站台门为例。

站台门门体结构主要由顶箱、门状态指示灯、门本体、立柱、踢脚板、门槛等部分组成,如图 8-6 所示。

(1) 顶箱　顶箱上可装设一些导向标识,但其主要功能是对内部进行密封保护,并采用防电磁干扰措施。从材料选择和密封设计上讲,顶箱既能减振又能有效屏蔽外界的电磁干扰。站台门的顶箱上方一般装有照明灯带,半高开式站台门(安全门)没有装设。灯带照明由 BAS 自动控制,站务员不需要进行开关灯带的操作。

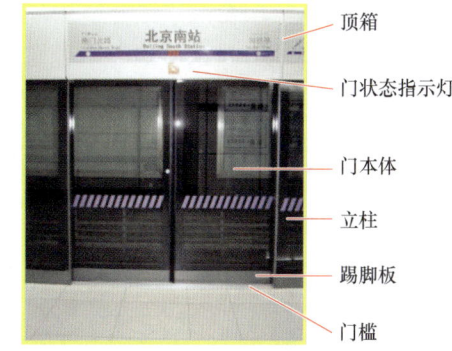
图 8-6 门体结构组成

(2) 门状态指示灯　门状态指示灯亮时,表示站台门处于打开状态,熄灭表示处于关闭状态,闪烁表示处于正在开或关的状态。

(3) 门本体　门本体结构是站台安全门机械结构中最重要的组成部分,按结构和功能分为端门、应急门、滑动门和固定门四类,如图 8-7 所示。

① 滑动门。滑动门为中分双开式门,关闭时作为车站站台公共区域和隧道区域的屏障,打开时为乘客提供上、下列车的通道,也可以作为在车站隧道区域发生火灾或列车故障时乘客的疏散通道。滑动门的数量应与列车一侧客室门数量一致,位置对应。

图 8-7 滑动门、固定门、应急门、端门的位置

②固定门。固定门为不可开启的门体,位于滑动门与应急门之间,是站台与区间隧道隔离和密封的屏障,固定门门框与立柱之间设有橡胶减振垫,安装方便,可拆卸更换,固定门高度与滑动门一致。

③应急门。应急门隔断站台和轨道,有门锁装置,在紧急情况下允许采用手动打开,即站台工作人员可在站台侧用"通用"钥匙、乘客在轨道侧推压开门推杆将门打开,应急门向站台侧旋转90°,应急门向站台侧旋转90°平开。

正常运营状态,应急门应保障关闭且锁紧,在公共区与隧道区间起隔离作用;当列车进站无法对准滑动门时可作为乘客应急疏散通道。

④端门。端门主要用于车站工作人员在站台和轨道之间的进出通道,同时兼顾紧急情况下疏散乘客的要求,端门有门锁装置,在紧急情况下允许手动打开,即车站工作人员可在站台侧用"通用"钥匙、乘客在轨道侧推压开门推杆将门打开,端门向站台侧旋转90°平开。

(4)立柱 站台门立柱以及下面的底座是主要承重结构,底座通过绝缘件与站台板进行螺栓连接,既保证牢固可靠,又可以保证站台门系统与站台板地面绝缘隔离。

(5)踢脚板 踢脚板采用的是不锈钢材料,主要是用来防止乘客有意或无意地踢脏或踢碎门体玻璃,踢脚板上边高度距地面150mm。

(6)门槛 门槛采用铝合金材料,表面用一种凹凸结构作防滑处理,它位于所有滑动门的下端。这些地方是乘客最有可能踏过的区域,门槛的作用是保护乘客经过时不发生摔倒,同时其与站台板进行绝缘固定,以防乘客触电。

四、站台门系统的控制模式

站台门系统一般设置有系统级控制、就地控制盘(PSL)控制、紧急模式IBP盘控制、就地控制盒(LCB)控制、手动控制五种控制模式。其中以手动控制优先级最高,系统级控制优先级最低。

站台门(安全门)控制系统概述

(1)系统级控制 系统级控制是指在正常运行模式下由信号系统直接对站台门进行控制的模式,在该模式下,站台门接受ATC指令控制滑动门的开关。

(2)就地控制盘(PSL)控制 就地控制盘控制是执行站台就地控制盘发出命令的模式。当系统级控制不能正常运行时,如列车停车位置不正确、信号系统出故障、信号系统与站台门系统通信中断等,列车司机或站务员可通过站台端头就地控制盘进行站台门的开门、关门操作,实现站台门的站台级操作。

(3)紧急模式IBP盘控制 紧急模式IBP盘控制是以每侧站台门为独立的控制对象,紧急情况下(如火灾),在车站控制室操作IBP盘上的开门按钮,打开滑动门,滑动门完全打开。本命令属于紧急状态下的紧急开门命令,优先级高于PSL控制和系统级控制。

(4)就地控制盒(LCB)控制 就地控制盒(LCB)控制是实现单挡门的就地控制的模式,其作用主要是单个滑动门出现故障时,把该门机系统和其他门机系统隔离开,它可以在现场对门机系统的门控单元发出开关门命令,而不影响其他门的门机系统运行,以方便维修维护。

(5)手动控制 手动控制是站台工作人员在站台侧用专用钥匙解锁或由乘客在轨道侧使用解锁装置打开站台门的模式。当上述模式均不能操作站台门时,可以使用该模式,其优先级最高。

任务三　环控系统的认知

任务目标

知识目标
1. 掌握环控系统的功能。
2. 了解环控系统的组成和控制。

技能目标
具有识别环控系统的能力。

素养目标
树立乘客至上的服务意识。

知识课堂

城市轨道交通内部空气环境控制系统简称环控系统（ECS），也称为通风空调系统，是指在车站站厅、站台、隧道、设备及管理用房等处进行空气处理的系统。位于地面及高架的城市轨道交通线路，其环控问题比较容易解决；而位于地下的城市轨道交通线路除了各车站出入口和通风道口与大气连通外，可以认为其基本上是与大气隔绝的。只有用人工气候环境才能满足乘客的要求，因此城市轨道交通环控系统主要针对地下线路的环控问题。

一、环控系统的功能

1）在地铁正常运营时，排除余热、余湿为乘客创造一个往返于地面和地铁列车间的过渡性舒适环境，并为工作人员创造一个舒适的工作环境。

2）满足车站各种设备和管理用房工艺和功能要求，提供设备正常所需的温湿度条件。

3）列车因阻塞停留在区间隧道时，向隧道提供一定的新风并排走列车空调散发的热量，以维持乘客短时间内能接受的环境条件。

4）发生火灾、易燃气体泄漏、有毒气体泄漏等紧急情况时，能提供迅速有效的排烟、排气手段，向乘客输送必要的新风并引导乘客向安全区域疏散。

二、环控系统的组成

环控系统采用通风或空调系统进行控制，优先采用通风系统方式。环控系统按控制区域划分，由隧道通风系统（含防排烟系统）和车站通风空调系统（含防排烟系统）两大部分组成。隧道通风系统又分为区间隧道通风系统和车站隧道通风系统。车站通风空调系统又分为车站公共区通风空调系统（含防排烟系统，简称大系统）、设备管理用房通风空调系统（含防排烟系统，简称小系统）和空调水系统。

三、环控系统的控制

环控系统的控制分为中央级控制、车站级控制和就地级控制三级控制。在中央级控制、车站级控制和就地级控制三级控制中，就地级控制具有优先权。

（1）中央级控制　中央级控制装置设在控制中心，配置有中央级工作站、全线隧道通风系统及车站环控系统中央模拟显示屏。控制中心工作站可对隧道通风系统进行监控，执行隧道通风系统预定的运行模式或向车站下达大、小系统和水系统的各种运行模式指令。

（2）车站级控制　车站级控制装置设在各站车控室，配置车站级工作站和紧急控制盘，在正常情况下，可监视本站的隧道通风系统、大系统、小系统及水系统，向中央级控制上传本站设备信息，并执行中央级控制下达的各项运行指令。在中央级控制工作站的授权下，车站级工作站可作为本车站的消防指挥中心，当车站工作站出现故障时，紧急控制盘可以执行中央级工作站下达的所有防灾模式指令。

（3）就地级控制　就地级控制装置设置在各车站的环控电控室，具有对单台环控设备进行就地控制的功能，便于各种设备的调试、检查和维修。单台环控设备同时设有就地控制箱。

四、环控系统的运行模式

环控系统的运行模式包括正常运行模式、列车阻塞模式和紧急情况运行模式。正常运行模式是一种占主导地位的运行方式；列车阻塞模式是指在阻塞期间，通风维持列车空调装置连续运转的模式；紧急情况运行模式是指发生火灾时，开启通风设施，为乘客提供安全通道的模式。

任务四　给排水系统的认知

任务目标

知识目标
1. 了解车站给排水系统。
2. 了解车辆段给排水系统。

技能目标
具有识别车站和车辆段排水流程的能力。

素养目标
树立防灾的安全意识。

知识课堂

水是城市轨道交通运营必需资源之一，给排水系统的作用是满足车站及车辆段生产、生活和消防用水对水量、水质和水压的要求，保证车站和车辆段排水畅通，为城市轨道交通安全运营提供服务。同时对车站及车辆段内的生活污水和生产污水进行收集和处理，达到排放标准。

给排水系统主要由给水系统和排水系统两部分组成，其中给水系统包括生活给水系统、生产给水系统和消防给水系统；排水系统包括污水系统、废水系统和雨水系统，对于不能直接排放入城市污水系统或没有城市污水系统可接入的区域，应设置污水处理装置。

国内个别城市轨道交通系统（如上海1号线等）在车站内设置了水喷淋及水幕系统，在发生火灾时能起到灭火及阻隔烟气扩散的作用。但该类型系统也存在缺陷，系统动作后在地板上会产生大量的积水，导致地板湿滑，不利于乘客的疏散，因此未大量使用。

一、车站给排水系统

1. 车站给水系统

车站给水系统的主要功能是向车站工作人员提供符合要求的洁净饮用水、卫生间清洁用水、保洁清洗用水、制冷系统用水以及符合压力、流量需求的消防用水和其他生产所需用水。

车站给水系统采用城市自来水作为供水水源，分别在车站两端从城市自来水管网的干管引入两条进水管进入车站，进站前设置水表和水表井，每条进水管水表前设置室外消火栓和水泵结合器。进入站内后，生产、生活和消防供水采用分开的直接给水方式，即由城市自来水引入水管分别接生产、生活及消防水管。生活和生产给水在站内采用枝状或环状管网；消防给水在站内采用环状管网。

2. 车站排水系统

车站排水系统的主要功能是将车站内生活、生产所产生的污、废水，车站出入口的雨水及地下结构渗漏水及时排到站外市政污水管网或河涌（雨水）。它主要由污水系统和废水系统组成。

（1）**污水系统** 污水系统主要由集水井、潜污泵、管道及附件、化粪池、压力井、排水检查井等组成。将站厅或站台按就近原则汇集的厕所、盥洗室、茶水间冲洗水等生活污水通过潜水泵提升，经过地面压力井消能后进入车站地面化粪池，再排入城市污水管网，其排水流程如图8-8所示。

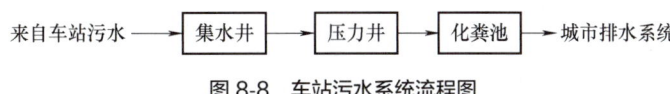

图8-8 车站污水系统流程图

（2）**废水系统** 废水系统分车站和区间废水系统，主要由集水井、治污泵、管道及附件、压力井、排水检查井等组成。将车站内按就近原则汇集的生产、消防废水、结构渗漏水，通过潜水泵提升，经过地面压力井消能后排入城市污水管网。每一个区间隧道基本上独立设置一套排水系统，其泵房设在区间隧道线路下坡道的最低处，明挖施工区段废水泵房设在隧道外侧边或联络通道，盾构施工区段利用联络通道作为废水泵房。压力井内进、出水管道要求与污水系统一样，其排水流程如图8-9所示。雨水系统与废水系统的组成和功能基本一样。

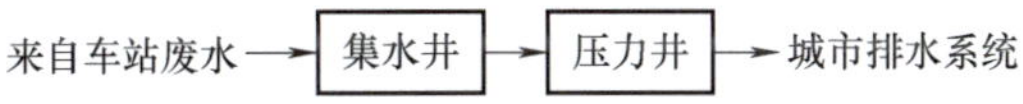

图8-9 车站废水系统流程图

地下城市轨道交通系统深埋地下，地下水位较高的地区尤其是南方地区，车站及区间隧道通常都会出现不同程度的地下水渗漏情况，由于车站内空间宽敞且不影响行车，较容易处理。但是含有丰富碳酸钙的地下水渗漏进入隧道后，经轨道两侧的排水沟引入区间泵房集水井，在排水沟及集水井沉淀下会产生大量的碳酸钙沉淀物，对水泵及排水竖管造成了很大的影响，而且碳酸钙沉淀物还经常造成水泵堵塞和排水竖管堵塞等。区间排水系统出现故障，需要及时发现并立即或尽快抢修，一旦区间积水不能及时排出，集水井集满并溢出，积水将会淹没铁轨，对信号系统造成一定的影响，进而影响列车的运营，严重时会导致列车晚点及临时停运。

不管车站还是区间排水系统，一旦不能及时将积水排走，都会对乘客或工作人员的生活工作甚至于列车的运行造成影响。因此在设计上，一般情况下，每处排水系统都设置两台或以上的水泵并联运行，一般为一备一用，在出现大量积水时两台或以上的水泵就可同时起动进行排水。

二、车辆段给排水系统

1. 车辆段给水系统

车辆段是城市轨道交通系统的一个重要组成部分，城市轨道交通系统的主要维修任务都在车辆段内完成，车辆段一般设置在地面，极个别城市的个别线路设置在地下（如中国香港），且面积较大，建筑物较分散。一般情况下采用城市自来水作为供水水源，分别从城市自来水管网的干管引入两条进水管，在城市自来水管网容量允许情况下，市政管网水源直接接入车辆段的供水管网，但多数设计采用间接供水。间接供水根据设计工艺不同，可采用水泵、水塔联合供水方式和变频变量恒压供水方式等。前一种是城市自来水进入储水池后，经水泵提升至水塔（水箱），由水塔向车辆段内的室外给水管网供水，室内各用水点从室外环状管网引入；后一种是城市自来水进入储水池后，由变频变量恒压给水设备直接送至车辆段室外给水管网，室内各用水点从室外环状管网引入。为保证供水安全，无论采用哪种给水设计，室外给水管网都采用环状管网。

生活、生产给水系统主要由水源、水池、水泵、水塔、管道、阀门、气压罐及水龙头等设备或构筑物组成，一般采用枝状管网。

消防给水系统的组成与生活、生产给水系统差不多，主要由水源、水池、消防水箱、水泵、水塔、管道、阀门、气压罐及消火栓等设备或构筑物组成，一般采用环状管网。车辆段消防自控系统立足于自救。

2. 车辆段排水系统

城市轨道交通系统的主要维修和生产任务均在车辆段内完成，大量人员在车辆段内生产生活，产生大量的生活污水，维修生产会产生大量的含油及化学物质的生产废水，且车辆段一般设置在城市活动较少的区域，城市污水系统不一定能延伸到，因此，车辆段排水系统的一项重要功能是污水处理。车辆段排水系统包括生活污水系统、生产废水系统和雨水系统，并采用分流制的排水方式。

车辆段内生产废水包括车辆清洗含油废水，仓库、维修、化验车间含油、化学药剂废水。生产废水系统的组成包括废水收集管路、隔油池或油水分离设备以及污水处理设备。

生活污水系统的组成包括厕所冲洗水及生活污水排污管路、化粪池、隔油池、调节沉淀池、潜水泵、污水处理一体化设备。

三、车辆段雨水系统

车辆段一般面积较大，有效的雨水收集及排放系统能够在暴雨发生时及时将雨水汇集并排到市政雨水管网或附近的河涌中，避免车辆段内受淹。雨水系统一般包括地面雨水收集排放管路、室外排水明沟（埋地雨水沟）、PVC 排水管、排水检查井、雨水泵等，雨水一般不做处理，汇集后直接排放。车辆段地势较低洼处，由于雨水不能通过自然重力排放，一般在最低处设置雨水收集池，然后通过大流量水泵提升排放。雨水系统的主要管路是 PVC、铸铁、混凝土排水管，日常维护工作主要是对管路及排水口的检查及保护，避免被压塌堵塞，雨水泵仅在下雨时使用，日常需做好维护保养并保证所有水泵状态良好，可以随时起动排水；雨天需要监控水泵的运行状态，避免水泵由于长时间运行而出现故障或由于吸入异物堵塞，水泵长时间空转会被烧毁。

任务五 消防系统的认知

任务目标

知识目标
1. 了解 FAS 的组成和功能。
2. 了解自动灭火系统的分类。

技能目标
1. 具有识别 FAS 的能力。
2. 具有按照规范使用灭火系统的能力。

素养目标
树立安全意识。

知识课堂

城市轨道交通车站大部分属于地下车站，车站设备区内设置了大量机电设备，且车站公共区空间狭小、人流密集，因此消防系统在城市轨道交通车站设备中占有重要的地位，它对提前发现火灾进行预警，启动相关设备实施火灾模式运转，及时疏散车站乘客，确保乘客人身安全具有重要意义。城市轨道交通车站涉及消防的系统有火灾自动报警系统、消防灭火系统、环境与设备监控系统和排烟系统等。下面主要介绍火灾自动报警系统和自动灭火系统。

一、火灾自动报警系统（FAS）

FAS 是指城市轨道交通系统中，为了尽早探测到火灾的发生并发出火灾警报，启动有关防火、灭火装置而在车站与区间设置的一种自动消防设施。为保证乘客的安全、轨道交通的正常运营及保护全线所有建筑物，每个轨道交通线路都应配备具备火灾自动监测及自动报警功能的 FAS，并同时具有在火灾状况时必要的防火、灭火手段和措施。

1. FAS 的组成

FAS 由火灾报警控制器、火灾探测器、手动报警按钮和声光报警器等组成。

（1）**火灾报警控制器**　火灾报警控制器是 FAS 中的核心组成部分。火灾报警控制器的主要功能有为火灾探测器提供稳定的工作电源，监视探测器及系统自身的工作状态，接受、转换、处理火灾探测器输出的报警信号，进行声光报警，指示报警的具体部位及时间，执行相应辅助控制等。

（2）**火灾探测器**　火灾探测器（图 8-10）是能对火灾参数（如烟雾、温度、火焰辐射和气体浓度等）响应，并自动产生火灾报警信号的器件。火灾探测器一般有感温火灾探测器、感烟火灾探测器、感光火灾探测器、可燃气体探测器和复合式火灾探测器五种基本类型。

（3）**手动报警按钮**　手动报警按钮（图 8-11）是以手动方式产生火灾报警信号、启动 FAS 的器件。

（4）**声光报警器**　声光报警器是在 FAS 中用以发出区别于环境声、光的火灾警报信号的装置，如警铃、警笛等。火灾报警装置以声、光音响方式向报警区域发出火灾警报信号，以警示人们采取安全疏散、灭火救灾措施。

2. FAS 的功能

FAS 由设置在控制中心的中央监控管理级、车站（车站与车辆段）监控管理级、现场控制级以及相关网络和通信接口等环节组成。系统功能可分为中央级功能、车站级功能和现场级功能。

图 8-10　火灾探测器　　　　　图 8-11　手动火灾报警按钮

（1）中央级功能　中央级功能主要是设置于城市轨道交通全线各车站、区间隧道、控制中心大楼、车辆段和主变电所等下属所有区域范围内火灾的监视、报警、控制及其他系统的消防联动，在火灾发生时承担全线灭火指挥任务。

（2）车站级功能　车站级功能主要是负责车站及相邻半个区间隧道范围内火灾的监视、报警、控制以及其他系统的消防联动。车站级火灾报警控制器随时监控和接收各探测点的报警信号，可发出声光报警信号，并能自动或手动执行对有关消防设施的联动控制。闭路电视监控系统在车站站台、站厅等公共场所安装全方位的监视器，实时收集站内的视频信息，并反映到值班室的监控器上，由值班人员进行监控和处理。

（3）现场级功能　现场级功能主要是指火灾监控与报警设备的具体功能，如火灾探测器用于对站内设备用房、站厅、站台旅客公共区等进行火灾自动探测。手动报警按钮安装于站内旅客公共区、设备用房区域及地铁车厢内，以便现场人员及时通报火灾。另外，为便于紧急报警，在站内乘客的公共区及设备用房区域设置的消火栓箱上以及区间隧道和站内轨道外侧所设的消火栓箱上，配置有紧急电话插孔。

二、自动灭火系统

自动灭火系统是确认火警信息后实施气体灭火的系统设备。

自动灭火系统布置在重要的设备房，如高低压室、通信设备室、环控电控室、信号设备室等，根据 FAS 或机电设备控制系统的指令，自动控制相关的消防设备和固定式灭火装置进行联动灭火的一套自动化系统。

气体灭火系统主要适用于扑灭可燃气体、可燃液体、电子火灾及机房、重要文物档案库、通信广播机房、微波机房等不宜用水灭火的火灾。目前应用到城市轨道交通项目中的气体灭火系统主要是二氧化碳灭火系统、烟烙尽气体灭火系统和七氟丙烷气体灭火系统。

（1）二氧化碳灭火系统　二氧化碳灭火系统在 20 世纪初就得到了广泛应用，它主要是依靠喷放高浓度的二氧化碳至所保护的区域，使其中的氧气浓度急速下降到一定程度，从而让燃烧无法再继续进行下去。根据存储压力的不同，二氧化碳灭火系统可分为高压二氧化碳灭火系统和低压二氧化碳灭火系统。但因为会产生窒息作用，二氧化碳灭火系统会严重影响停留在保护区域中人员的生命安全及健康。

（2）烟烙尽气体灭火系统（IG541）　烟烙尽（Inergen）是由惰性气体（Inert）和氮气（Nitrogen）两个英文名称缩写而成的。其中，氮气占 52%，氩气占 40%，其余 8% 为二氧化碳。当组成烟烙尽气体的三种气体喷放到着火区域时，在短时间内会使着火区域内的氧气浓度降低至不能支持燃烧的 12.5% 以下；同时，使着火区域中的二氧化碳浓度仅上升至

2%~5%，对燃烧产生抑制作用，使燃烧迅速终止。

医学实验证明，人体在 12.5% 的氧气浓度和 2%~5% 二氧化碳浓度的环境下呼吸，所获得的氧量与在正常的大气环境（21% 的氧气浓度和 0.03% 的二氧化碳浓度）中所获得的氧量是基本一致的，因此烟烙尽气体不会对人体产生直接伤害。

（3）七氟丙烷气体灭火系统　七氟丙烷是一种无色、无味的气体。其灭火机理为化学反应灭火，即七氟丙烷在火焰高温中的分解产物能与燃烧过程中的自由基发生反应，使燃烧反应中断。七氟丙烷在灭火过程中会分解出微量的氢氟酸有害气体，散发刺鼻的气味，有一定的腐蚀性。

> **扩展阅读**
>
> 2016 年 11 月 29 日下午，北京地铁运营四分公司在 15 号线后沙峪站开展消防演练。防火监督员、各站区负责人及车站员工共 50 余人参加演练。
>
> 演练模拟场景为地铁 15 号线后沙峪站办公区员工休息室由于电器使用不当引发火灾，由于现场火大烟浓，导致有两名员工被困。中控室值班人员通过消防中控主机第一时间发现火情，随后立即通知微型消防站值班人员火速前往现场开展救援，并根据站内现有人员按照原定方案，迅速组织通信联络组、疏散引导组、医疗救援组等应急小组协助微型消防站人员开展火灾扑救处置。
>
> 演练结束后，支队监督员要求站内全体工作人员认真总结经验，剖析不足，全面提升自防自救和应急处理能力。除了这样大型的消防演练，地铁公司内部每年会开展小型的消防演练几十次，全面确保城市轨道交通的运营安全。

任务六　车站低压配电与照明系统的认知

任务目标

知识目标
1. 了解车站低压配电系统。
2. 了解车站照明系统。

技能目标
具有识别车站用电负荷的能力。

素养目标
树立规范用电的安全意识。

知识课堂

车站低压配电系统为车站站台、站厅和设备用房的机电设备、售检票设备及通信、信号系统等设备提供电源。车站照明系统为车站站台、站厅、设备及管理用房、通道及区间等提供照明。由于城市轨道交通车站，尤其是地铁车站，大部分位于地下，故其照明系统显得尤为重要。

一、车站低压配电系统

车站低压配电系统采用交流 380V 三相五线制、220V 单相三线制方式供电，系统范围大致包括站台层、站厅层和设备及管理用房的环控、排水、消防、电梯、自动扶梯、站台门、防淹门、自动售检票，以及通信、信号、车控室等系统动力设备的供配电和车站环控室供配电设备的电控控制。

1. 车站低压配电系统负荷等级划分

根据用电设备的不同用途和重要性，车站用电负荷分为三级。

（1）一级负荷　一级负荷包括通信系统、信号系统、火灾自动报警系统、气体灭火系统、AFC系统、门禁系统、机电设备监控系统、站台门、变电所用电、消防泵、废水泵、雨水泵、防淹门、车控室、事故风机及其风阀、事故照明、地下站公共区照明、疏散指示照明、紧急时开启的导向标志照明等。

（2）二级负荷　二级负荷包括非事故风机及风阀、污水泵、集水泵、自动扶梯、工作人员电梯、楼梯升降机、民用通信电源、信号交换机、警务室用电、乘客信息显示系统、维修电源及冷水机组油加热器、地面站公共区照明、出入口工作照明、设备管理区工作照明及紧急时无须开启的导向标志照明等。

（3）三级负荷　三级负荷包括冷水机组、冷冻水泵、冷却水泵、冷却塔风机、广告照明、电开水器、清扫电源等。

2. 车站低压配电设备的配电方案

低压配电系统采用放射式和树干式相结合，以放射式为主的配电方式，该系统可分为由车站降压所直接供配电和由环控电控室供配电两种方案。在地下站台层或站厅层两段各设有一个环控电控室，所有通风空调用电设备均在空调通风电控室配电，并作为通风空调设备的供电末端。不同负荷不同供电系统的供电方式各有不同，以下做简单阐述。

（1）车站降压所直接供配电

① 一级负荷供电方式。一级负荷设备，如通信系统、信号系统、车控室、废水泵等，系统由35/0.4kV降压变电所低压柜Ⅰ、Ⅱ段母线（即两路引自变器电源）各引一路电源到设备附近的电源切换箱，经电源切换箱实现双电源末端切换后再馈出给设备，两路电源正常时一路工作，一路备用，并可互作备用。

② 二级负荷供电方式。二级负荷设备，如自动扶梯、电梯、污水泵、集水泵等，系统由35/0.4kV降压变电所低压柜Ⅰ或Ⅱ段母线引一路电源至设备附近的电源配电箱后再馈出给设备，当所在该段母线故障时母联开关自动投入合闸，可由另一段母线继续供电。当电网只有一路电源时，允许将其从电网中切除（人工切除）。

③ 三级负荷供电方式。三级负荷设备，如环控三类负荷、冷水机组、空调机、空调新风机等，系统由35/0.4kV降压变电所低压柜三级负荷母线引来一路单电源至通风空调电控室低压柜，当降压所低压柜任一段母线失压或故障时，均自动切除所有三级负荷设备供电，人工复位。在火灾情况下，FAS直接切断三级负荷总电源。车站冷水机组等大负荷设备由车站降压变电所低压母线直接供电。由于高架站内无大型空调通风设备，高架站不设空调通风电控室。

（2）环控电控室供配电　对环控电控室直接配电的环控一、二类负荷设备（如区间隧道风机、送排风机、防火阀、阀、BAS控制柜等），系统采用单母线断路器分段接线形式供电，并设有电源自动切换装置，通过母联断路器（连接两段母线）的备用电源自动投切装置，实现两路电源互备供电。

对环控电控室供配电（直接或间接）的环控三类负荷设备（如电动蝶阀、冷却水泵等），系统采用单母线接线形式供电，当该母线失压或故障时，中断供电，当电网只有一路电源供电时，也联跳中断供电。

3. 车站低压配电设备的控制方式

1）对通信、信号、车控室、废水泵、电梯、自动扶梯等由降压所直接供配电的各系统设备，低压配电系统提供电源至各设备附近的配电箱或电源切换箱，工作人员可在降压所或设备附近的配电箱或电源切换箱上对各设备作电源通断或切换操作控制。

2）对冷水机组、FAS 相关设备（如风阀、防火阀、防火卷帘门、挡烟垂幕、气体灭火系统等）及 BAS 等由环控电控室直接供配电的设备，低压配电系统提供电源至各设备附近的配电箱或电源切换箱，工作人员可在环控电控室或设备附近的配电箱或电源切换箱上对该设备做电源通断或切换操作控制。

3）对环控电控室直接控制的环控设备（如空调机、风机等），采用三地控制方式，即就地控制（设备附近）、环控电控室控制及车控室控制（通过 BAS 控制）。

4）自动扶梯正常时由现场控制，事故状态下可在车控室内按动应急停机按钮停止所有自动扶梯运行。

二、车站照明系统

车站照明系统是为运营服务提供照明的重要系统。其主要组成是照明灯具（灯、荧光灯、节能灯、射灯、LED 灯等），安装于车站各照明场所及车辆段内，用于车站各照明场所照明、车辆段内空旷区域照明、导向指示和疏散指示。

1. 车站照明系统的分类

（1）**按区域分类**　城市轨道交通车站照明系统按区域分类可分为出入口照明、公共区域照明、办公及管理区域照明、设备房照明、区间隧道照明和电缆廊道照明。

（2）**按照明场所分类**　城市轨道交通车站按照明场所可分为一般照明、分区一般照明、局部照明和混合照明。

① 一般照明。一般照明是为照亮整个场所而设置的均匀照明。

② 分区一般照明。分区一般照明是对某一特定区域，如进行工作的地点，设计成不同的照度来照亮该区域的一般照明。

③ 局部照明。局部照明是特定视觉工作用的为照亮某个局部而设置的照明。

④ 混合照明。混合照明是由一般照明和局部照明组成的照明。

（3）**按工作场所分类**　城市轨道交通车站照明系统按工作场所可分为正常照明、应急照明、值班照明和过渡照明。

① 正常照明。正常照明是在正常情况下使用的室内外照明。

② 应急照明。应急照明是因正常照明的电源失效而启用的照明。应急照明包括疏散照明、备用照明和安全照明。疏散照明作为应急照明的一部分用于确保疏散通道被有效地辨认和使用的照明；备用照明作为应急照明的一部分，用于确保正常活动继续进行的照明；安全照明是在正常电源发生故障时，为确保处于潜在危险中人员的安全而设置的应急照明。

③ 值班照明。值班照明是在非工作时间，为值班所设置的照明。

④ 过渡照明。过渡照明是为减少建筑物内部构筑物与外界过大的亮度差而设置的，亮度可逐次变化的照明。

2. 车站照明系统的配置

1）控制中心的控制台、屏前区，车站站厅的自动售票、自动检票及一般通行区等同一场所内的不同区域有不同照度要求时应采用分区一般照明。

2）在一个工作场所内有局部照明要求时，应设局部照明。

3）对于照度要求较高，且单独设置一般照明不合理的场所，宜采用混合照明。

4）非24h连续运营的地铁的公共场所，如站台、站厅、通道、楼梯等，应设值班照明。应从正常照明中分出一部分作为值班照明，并单独控制。

5）行车值班室、车控室、通信信号机房、计算机房、售票室等需保证正常活动继续进行。

6）车站出入口、双层地面站及高架车站昼间站台到站厅楼梯处应考虑过渡照明。过渡照明宜优先利用自然光过渡，当自然光过渡不能满足要求时，应增加人工照明过渡。

7）在地下车站站台、站厅、通道及通道转弯处附近、出入口等处应设疏散照明。疏散照明由出口标识灯、指向标识灯、疏散照明灯等组成。

8）在地下车站站台、站厅的出口，车站出口及其他通向站外的应急出口处均应设置出口标识灯。出口标识灯的安装高度应为2.2~2.5m。

9）在地下车站站台、站厅、楼梯、通道及通道转弯处附近，当不能直接看见或不能看清出口标识灯时，应根据需要设置指向标识灯，安装间距不应大于20m。

10）站台板下及变电所夹层一般作为电缆廊道，其照明一般采用36V安全电压，照明变压器分别设在两端配电室内。

3. 车站照明系统的控制

车站照明系统的控制可分为就地级控制、照明配电室集中控制和车控室集中控制三级控制。

（1）**就地级控制** 各设备及管理用房进门处设有就地开关箱或盒，可通过开关箱或盒上的开关控制相应设备及管理用房的一般照明。区间隧道一般照明由设于隧道两端入口处的区间隧道一般照明配电箱控制。

（2）**照明配电室集中控制** 照明配电室内设有相应照明场所的照明配电箱，可在室内集中控制相应场所的一般照明、节电照明、事故照明及广告照明。正常情况下，配电箱所有开关均应全部合上，以便通过就地级控制和车控室集中控制系统控制相应的场所照明。

（3）**车控室集中控制** 车控室内设有照明控制柜，通过柜面上的转换开关和按钮，可实现站台层、站厅层公共区一般照明、节电照明、广告照明的手动/自动控制（手动控制是指通过照明控制柜上按钮或照明配电室照明配电箱上按钮开/关控制；自动控制是指通过机电设备监控系统实现控制）及区间隧道一般照明手动控制。

任务七 环境与设备监控系统的认知

 任务目标

知识目标	技能目标	素养目标
了解BAS的组成和功能。	具有辨识中央级、车站级和现场级监控系统的能力。	认知环境与设备监控系统的重要性，树立规范使用设备的意识。

> **知识课堂**

2013年8月,国家质量监督检验检疫总局、住房和城乡建设部联合发布了国家标准《地铁设计规范》(GB50157—2013),标准中正式命名"环境与设备监控系统,Building Automatic System(BAS)",并将其定义为"对地铁建筑物内的环境与空气条件、通风给排水、照明、乘客导向、自动扶梯及电梯、站台门、防淹门等建筑设备和系统进行集中监视、控制和管理的系统"。

BAS采用计算机网络、自动控制、通信及分布智能等技术,对地铁车站及区间隧道内的空调通风、给排水、照明、电/扶梯、安全门等机电设备进行全面地运行管理与控制。通过最优化组合,确保机电设备处于安全、高效、节能和最佳运行状态,从而提供一个舒适的乘车环境。

同时BAS还能在地铁车站发生火灾事故的情况下,执行相应的防灾和阻塞模式,使有关救灾设施按照设计工况及时有效地运行,充分发挥各种设备应有的作用,保证乘客的安全和设备的正常运行。

一、BAS的组成

BAS通常由中央级监控系统、车站级监控系统、现场级监控系统组成。

1. 中央级

中央级设于控制中心的中央控制室,主要由计算机、显示器、打印机、网络TAP、隧道火灾通风控制盘、中央控制器等组成。中央级具备远程控制指令,实现远程控制功能通过操作工作站,值班人员可根据实时运行状态向有关车站发出控制指令,实现远程控制。相关技术人员还以通过工作站,对故障设备进行诊断和故障处理,如有软件丢失,可以自动下载程序,保证系统的运行可靠。

2. 车站级

车站级设于车控室内,主要由计算机主机、显示器、打印机、网络TAP、控制器接口、消防报警接口(HLI)等组成车站工作站。控制器接口通过车站监控系统通信网络与车站监控工作站及控制中心通信,接收控制中心指令并控制现场控制器,同时,将设备运行状态和参数送到车站监控工作站及控制中心。车站控制系统通过网络接口设备向上与中央监控系统EMCS连接。

3. 现场级

现场级现场控制器相对一般集中于环控电控室,部分分散设置于现场被监控设备的附近。上海轨道交通线路地下车站机电设备自动控制系统的现场控制,设备采用PLC系统。现场控制器具备软件联锁保护设置;控制被控对象设备顺序动作;系统各种运行参数地采集存储通过一定的计算,来实现环境和设备优化控制;对中央级、车站级下达的控制指令和控制模式、设定值的更改和其他关联参数的修正,由现场控制器处理后执行。接收安装于各测试点内的传感器、检测器的信息,按内部预先设置的参数和执行程序自动实施对相应机电设备的监控,或随时接收监控工作站及中央系统发来的指令信息,调整参数或有关执行程序,改变对相应机电设备的监控要求。

二、BAS的主要功能

BAS通常由中央级、车站级、就地级三级实现对环控、给排水、自动扶梯、低压供电、照明及站台门等设备的监视和控制。

1. BAS 分级监控功能

（1）**中央级功能**　中央级监控工作站具有良好和灵活的人机界面，监控人员可监视全线各车站的通风、空调、给排水、电扶梯、照明、站台门、防淹门等系统的运行状态及对相关设备进行控制。操作员站具备完善的报警功能，可将报警信息进行分类、筛选、重组织，建立一个报警系统。同时还具有在 FAS 灾害报警下各系统启动火灾模式，进行联锁联动，组成全系统的安全体系。

中央级系统可对历史数据记录进行处理、裁剪、分析和统计，具有统计、文件处理、归档及报表功能。

（2）**车站级功能**　车站级控制可以监视车站各系统设备运行状态和参数，具有 PD 调节控制功能、逻辑控制和模式控制功能。控制器根据环境参数对环控系统设备进行运行工况的转换，并进行最优化的控制，达到节能运行的目的。

（3）**就地级功能**　就地级控制器通过车站控制网与车站主控 PLC 通信，接受控制指令并对现场设备进行就地控制，同时将设备运行状态和参数传送到车站主控 PLC 上。

2. BAS 对各系统的监控内容

1）空调通风系统应具有以下监控功能。

①空调机组的启停控制；风机状态显示；过载报警；过滤网状态显示及报警；就地/遥控指示；新、送、混、风温度及湿度检测；空调机冷冻水流量调节；对变速风机进行变风量控制；接收 FAS 的指令，对风机联动控制；风机、风阀、调节阀之间的联锁控制及风阀的状态显示。

②隧道风机的启停控制；正反转控制；风机状态显示；过载报警；就地/遥控指示；接收 FAS 的指令，对隧道风机联动控制。

③送排风机的启停控制；风机状态显示；过载报警；送风温度、湿度检测；排风温度、湿度检测；就地/遥控指示；接收 FAS 的指令，对送排风机联动控制。

2）空调冷水系统应具有以下监控功能。

①冷水机组的启停控制；运行状态显示；过载报警；就地/遥控指示；冷冻水进出口温度压力检测；冷却水进出口温度、压力检测；运行有时间和启停次数记录。

②冷冻水系统的冷冻水泵启停控制及状态显示；冷冻水泵过载报警；水路电动阀开启关断控制及状态显示；冷冻水旁通阀门压差控制；冷冻水泵、电动蝶阀就地/遥控显示；水流量测量及冷量记录分水、集水温度及流量测量。

③冷却水系统的冷却水泵启停控制及状态显示冷却塔风机启停控制及状态显示；冷却水泵、冷却塔风机过载报警；水路电动阀开启、关断控制及状态显示；冷却水泵、电动蝶阀就地/遥控显示。

④制冷系统的控制系统应预留数据通信接口，以获取冷水机组和水系统的有关参数。

3）对正常照明系统应能定时和实时控制其开/关状态并接收其运行的反馈信号。

4）对给排水系统应具有水泵启停控制；水泵运行状态显示；水泵故障报警；水位显示及危险水位报警；水泵运行时间统计；主、备泵运行切换控制；车站用水量记录等监控功能。

5）对防淹门系统，应显示防淹门的开/关状态能接收防淹门的故障报警信号，并将报警信号送达 BAS。

6）对自动扶梯，BAS 应对其进行控制，并具有运行状态显示和故障报警功能。

7）对站台门系统，BAS 应具有运行状态显示和故障报警功能。在火灾等紧急情况下，应能手动进行控制。

3. BAS 的运行模式

（1）正常模式　正常模式是行车按计划进行、各系统正常运行、主要设备正常运行时的工作模式。在正常模式下，BAS 主要按照时间表的编排，对各种机电设备进行常规控制。

（2）灾害模式　灾害模式是在发生火灾、水灾或其他重大灾害性事故情况下的工作模式，其中，按灾害事件发生的位置又分为区间灾害和车站灾害两种。当火灾报警控制器的报警信号被确认时，火灾报警控制器将火灾的位置及联动控制指令发送到 BAS，令 BAS 进入火灾控制模式。此时，BAS 按照火灾报警控制器的模式控制指令，强制执行预先编排的控制预案调用相应模式的控制程序，或按照人工操作指令执行相应的动作配合车站和区间的防排烟控制和人员疏散。

（3）阻塞模式　阻塞模式是列车在区间或车站运行受阻，导致无法按计划行车时的工作模式。相关的车站 BAS 设备接收来自中央控制室防灾指挥中心的阻塞模式控制命令，转入阻塞工作模式。在阻塞模式下，BAS 按照接收到的列车阻塞位置及区间、车站的人员情况，执行预先编排的控制预案，配合进行车站和区间的通风控制与人员疏散。

任务八　综合监控系统的认知

任务目标

知识目标	技能目标	素养目标
1. 了解综合监控系统的组成。 2. 了解综合监控系统的功能。	具有识别综合监控系统三级控制的能力。	培养学生团结协作的意识。

知识课堂

城市轨道交通综合监控系统，简称"综合监控系统"（ISCS）。

ISCS 的主要功能包括对机电设备的实时集中监控功能和各系统之间协调联动功能两大部分。

一方面，通过 ISCS 可实现对电力设备、火灾报警信息及其设备、车站环控设备、区间环控设备、环境参数、站台门设备、防淹门设备、电扶梯设备、照明设备、门禁设备、自动售检票设备、广播和闭路电视设备、乘客信息显示系统的播出信息和时钟信息等进行实时集中监视和控制的基本功能。

另一方面，通过 ISCS 还可实现晚间非运营情况下、日间正常运营情况下、紧急突发情况下和重要设备故障情况下各相关系统设备之间协调互动等高级功能。

如出现异常情况由正常运行模式转为灾害运行模式时，ISCS 应能迅速转变为应急模式，为防灾、救援和事故处理指挥提供方便。

一、ISCS 的组成

ISCS 是以计算机技术、电子技术、网络技术、通信技术和信息技术为基础的大型计算机集成系统，具有直接监视设备状态、监控设备地理分散、监控规模庞大、集成与互联专业众多、接口复杂、调试难度大的特点，系统构成一般都遵循三级控制、两级管理的原则，每一层的系统都有独立的网络结构，都能独立地运行。

由图 8-12 可以看出，集成系统仍保留了各自的现场数据采集/控制设备和各自的操作员/调度员工作站，而将远程通信实时数据/历史数据服务器和大屏幕显示设备合并成为统一的系统。这样使得各个子系统可以共享主干网的带宽，所有的实时数据/历史数据也实现了共享。

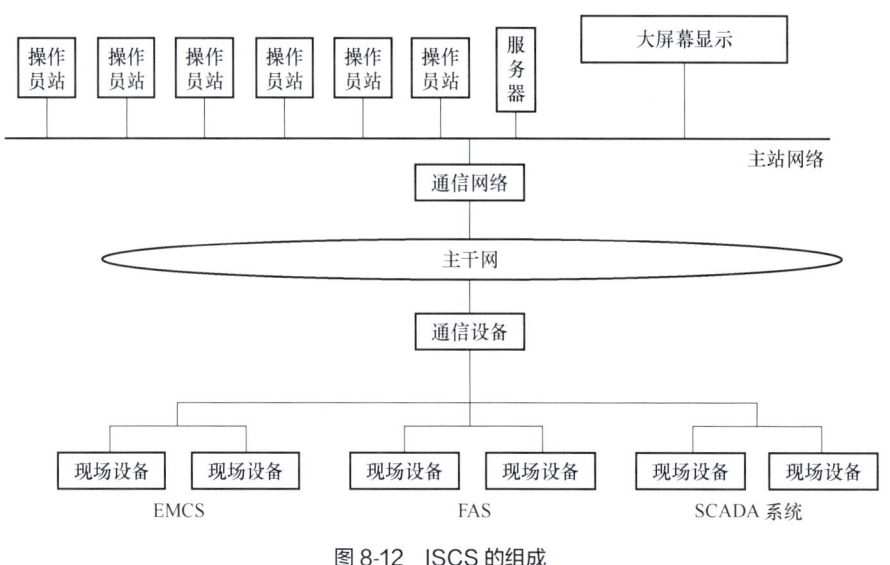

图 8-12 ISCS 的组成

ISCS 由中央综合监控系统，车站、车辆段及停车场综合监控系统，ISCS 主干网络，综合后备盘，集中警告系统等几大板块组成。

1. 中央综合监控系统

中央综合监控系统（图 8-13）主要由中央监控网络、运行控制中心、冗余实时数据服务器、冗余历史数据服务器、磁盘数据阵列、磁带数据记录装置、各种操作人员工作站、冗余的数据互联系统的网关配置装置、连续电源、打印机、网络运行系统、大屏幕显示系统等部分构成，一般用于监视全线各个车站的具体子系统的工作运行状态，实现中央级的实际操作控制功能。

2. 车站、车辆段及停车场综合监控系统

车站相应的综合监控系统一般由车站监控网络（图 8-14）、车站服务器、车站操作人员工作站、前端数据处理器、双屏显示值班站长操作站、双屏显示值班人员操作站、车站数据互联系统的网关配置装置、打印机、综合后备盘等部分构成，常用于监视车站中各个子系统的工作运行状态，可以有效地完成车站级的具体操作控制功能。

车辆段及停车场综合监控系统（DISCS）(图 8-15) 设备主要由交换机、服务器、磁盘阵列、操作员工作站、前端处理器（IFEP）、在线式后备电源和事件打印机等组成，通常用来监视车辆段及停车场中各个子系统的工作运行状态，可以有效地完成车辆段及停车场级的具体操作控制功能。

项目八 城市轨道交通机电设备的认知 | 147

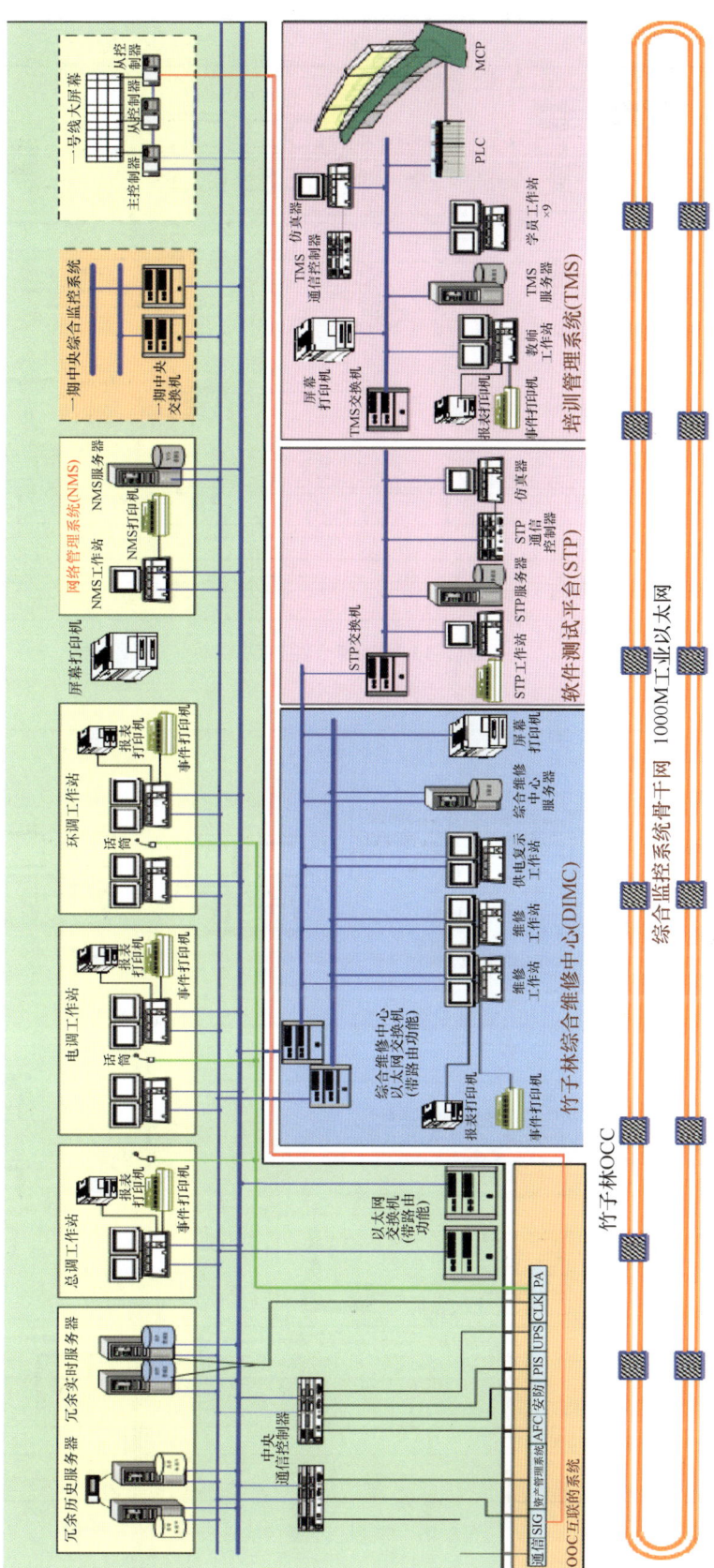

图8-13 中央综合监控系统

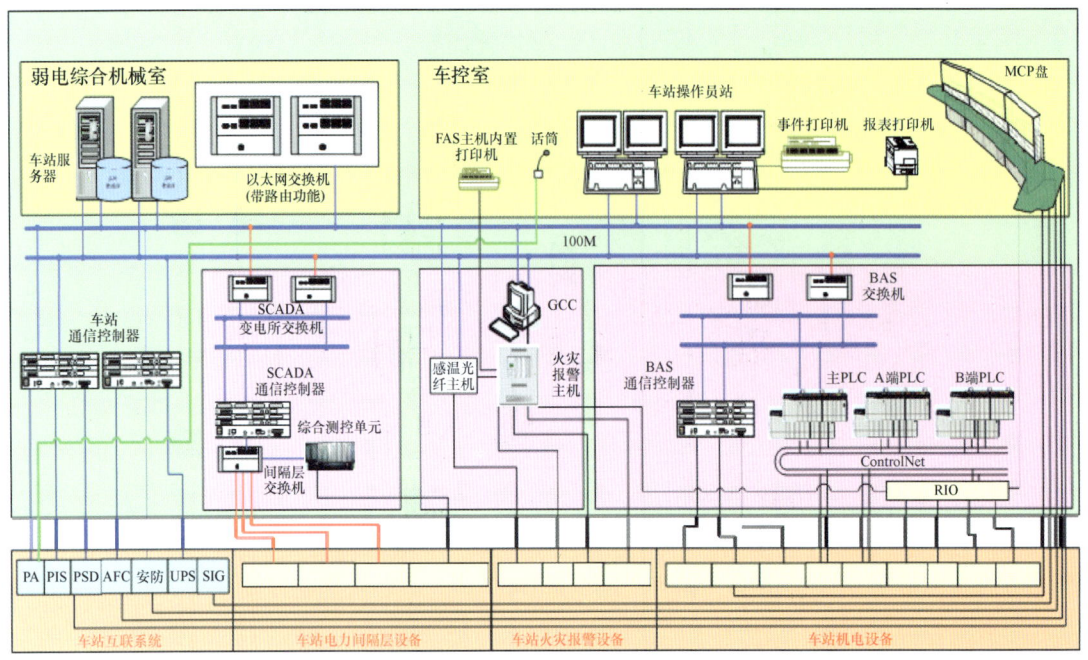

图 8-14 车站综合监控系统

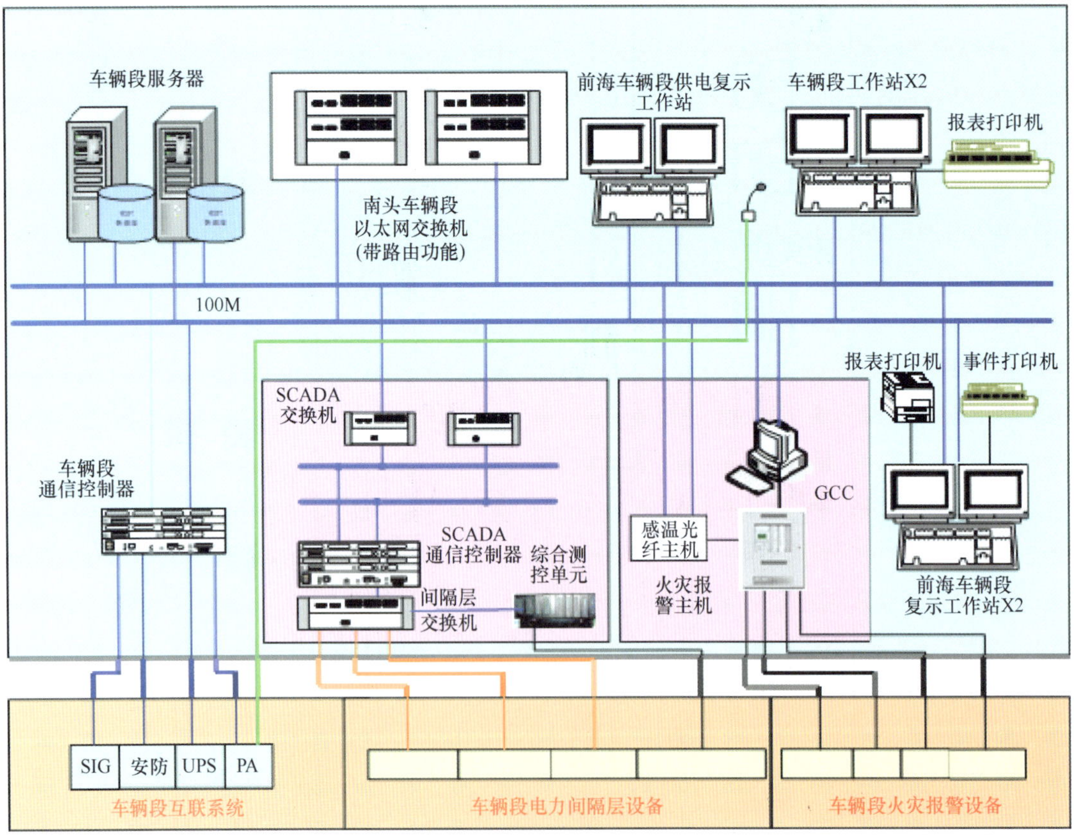

图 8-15 车辆段综合监控系统

3. ISCS 主干网络

ISCS 主干网用于全线各车站、车辆段、停车场、控制中心局域网之间的互联,它是由设在车站、车辆段、停车场、控制中心等地点的交换设备及交换设备之间的区间光缆构成。ISCS 的主干网络大部分已经使用数据传输速率是 1000Mbit/s 的以太网交换机实现数据传输功能的单一通信网络节点。

4. 综合后备盘

根据各种不同站设施配置与车控室布置的具体区别,应当合理地采用一站一设计的思想。各个车控室的电气柜、工作台的体积大小都需要根据房间大小而进行专门设置,控制室不但需要具备高效形式的车站控制功能,同时在总体美观方面具有相当高的规范标准。

5. 集中告警系统

集中告警系统(IAS)可对 ISCS 的主要监控设备进行集中告警,从而帮助运营维修人员更方便、更高效率地完成维修工作。

ISCS 采用集成的监控对象主要有变电所自动化系统(PSCADA)、环境与设备监控系统(BAS)、感温光纤探测系统(DTS)、门禁系统(ACS)、站台门(PSD)、防淹门(FG)。采用互联的监(测)控对象主要有 AFC 系统、FAS、SIG 系统、CCTV 系统、无线通信系统(RCS)、PIS、通信集中告警系统(TEL/ALARM)、调度电话(DLT)、广播子系统(PA)。

ISCS 实现了 SCADA 系统、BAS、FAS、PSD 系统等的集成,实现了 SIG 系统、AFC 系统、PA、CCTV 系统、PIS 和时钟子系统(CLK)的互联。

二、ISCS 的主要功能

ISCS 一般以 SCADA、BAS 为核心进行集成;通过与站台门、PA、CCTV 等系统进行界面集成,显示其系统信息的同时,具备对其底层设备的控制功能;另外,还与列车自动监控系统、时钟子系统、火灾自动防护系统、PIS 等系统进行互联,只接收相关信息,在必要的情况下,由人机界面推出窗口进行显示,而不进行控制。典型的 ISCS 包括控制中心系统、各车站管理系统、停车场和车辆段监控系统、网络管理系统、设备管理系统以及培训管理系统等。

ISCS 采用主备、冗余、分层、分布式 C/S 结构,分为车站级综合监控系统、中心级综合监控系统以及主干网三层,实现为热备、冗余、开放、可靠、易扩展的计算机系统。ISCS 提供的主要功能如下:

(1)**基本功能** 包括数据采集与处理、数据点管理、通用图形界面、监视、远程控制和操作、联动、报警和事件列表、时间同步、系统安全与权限管理、统计和报表、历史数据存档和查询、历史和实时趋势记录、冗余设备切换、系统备份和恢复、降级模式。

(2)**电力监控功能** 监视电力设备的运行状态,如开关位置、故障状态、电压、电流等;通过单控、顺控命令对开关设备(例如 750V、10kV 开关设备)进行分、合操作;对开关保护装置进行保护复归操作;根据系统运行方式的需要,对供电系统设备的保护软压板进行投退操作;SOE 事件记录、故障录波显示。

(3)**环境与设备监控功能**

① 远程控制功能。可对单个设备或成组设备进行单设备控制或系统组控,其中控制命令包括风机的启动、停止控制;风阀开、关控制;照明回路合、分控制;电扶梯的启、停和方向控制;系统组控启动、停止控制等。

② 模式控制。模式控制属于一种特定的设备组控制,与基本的遥控功能相同。当发生阻塞或紧急状况时,通过模式的执行使设备按照预先定义的模式表按顺序启动响应的风机和风阀,如正常模式、阻塞模式、火灾模式、夜间模式等。

③ 时间表控制。系统能够按照预先设定的时间表的控制内容,控制相应设备启动或停止。

(4) 火灾监控　监视火灾设备的状态信息及火灾报警信息;必要时进行相关系统的联动,使相关系统进入火灾模式。

(5) 其他集成互联系统功能　如行车监视、广播、乘客信息专用功能以及网络管理、培训开发、设备管理、决策支持等专业化应用功能。

参 考 文 献

[1] 阎国强，仇海兵. 城市轨道交通概论［M］. 2版. 北京：人民交通出版社，2012.
[2] 李建国. 城市轨道交通系统概论［M］. 3版. 北京：机械工业出版社，2019.
[3] 李怀俊，江伟. 城市轨道交通通信与信号［M］. 成都：西南交通大学出版社，2015.
[4] 张利彪. 城市轨道交通信号与通信系统［M］. 2版. 北京：人民交通出版社，2015.
[5] 刘莉娜. 城市轨道交通客运组织［M］. 2版. 北京：人民交通出版社，2015.